취업 1타들의 수다
자기소개서 편

이 책은 저작권법에 따라 보호받는 저작물이므로 무단전재와 무단복제를 금지하며, 이 책 내용의 전부 또는 일부를 이용하려면 반드시 저작권자와 동문사의 서면동의를 받아야 합니다. 무단전재나 무단복제 행위는 저작권법 제136조(벌칙)에 의거, 5년 이하의 징역 또는 5천만 원 이하의 벌금에 처하거나 이를 병과할 수 있습니다.

자기소개서 편

취업 1타들의 수다

이회선 · 이주영 · 정재봉 공저

Preface
머리말

　취업이 취업준비생의 인생 성패를 좌우하는 중요한 수단과 목적이 되면서 취업을 위해 정책적·사회적·개인적으로 다양한 시도가 전개되고 있다. 특히 취업한파라고 할 수 있을 정도로 취업의 문을 뚫기가 상당히 어려워지고, 취업재수생·삼수생 등이 부지기수로 나타나면서 취업의 경쟁률은 계속해서 높아지고 있다. 즉, 취업의 수요처는 한정적인데 공급이 많아지면서 생기는 경쟁 상황은 더욱 심각해지고 있음을 나타내고 있다.

　이에 많은 취업전문가는 이러한 경쟁 상황을 이겨내기 위해서는 본인만의 차별화된 특징과 돋보이는 역량을 갖추어야 한다고 말한다. 사실 차별화 된다는 것과 돋보인다는 것은 굉장히 어렵게 느껴질 때가 많다. 그러나 실상을 파헤쳐 보면 그다지 어려운 과제가 아니다. '남들과 다른 나만의 것'이라는 명제를 기본으로 한다면 취업과 관련된 활동 하나하나에 의미가 있고 관련 지식이나 역량을 직무에 더욱 활용될 수 있도록 가꾸어 나가는 노력이야말로 가장 가치 있는 일이라고 할 수 있다.

　실제로 입사서류를 평가하는 데 있어 가장 어려운 점은 많은 지원자가 낸 이력서와 자소서가 거의 비슷하다는 사실이다(다 거기서 거기). 다시 말해 1,000명의 지원자가 지원했으나 막상 서류평가를 해보면 대부분 가운데(평균) 쏠리는 현상이 일어나고 특색이 있고 차별화된 서류를 찾아보기가 힘든 실정이다. 특히 자기소개서 부분에서 그렇다.

이는 취업을 희망하는 지원자들의 역량이 상향 평준화되었고 고도의 지식과 경험을 요구하는 수요로 인한 것이라는 주장도 존재하지만 보다 구체적인 이유는 자기소개서를 충분히 그리고 전략적으로 작성해 보지 않았기 때문이다. 즉 본인만의 차별화되는 무엇인가를 적극적으로 작성하고 표현하는 훈련이 덜 되었기 때문이다.

취업에는 왕도란 없다. 자기소개서를 한 번이라도 더 써본 자만이 승리할 확률이 높다는 것이 필자들의 공통된 그리고 완곡한 의견이다. 이에 본 저서는 많은 자기소개서 항목에 대한 현장 전문가 등의 이야기를 생생히 전달하고자 한다. 이를 통해 취업을 준비하는 데 있어 평소 자기소개서 작성에 어려움을 겪는 이들에게 한줄기 빛줄기가 되길 희망한다.

Contents
차 례

- 머리말_ 5

1 지피지기면 백전백승입니다.

1-1) 취업역량에 대한 확실한 이해가 필요합니다. _ 16
1-2) 경험일지는 평소 작성이 필요합니다. _ 30
1-3) 역량 프레임워크를 소개합니다. _ 34
  • 역량 비교 프레임워크를 소개합니다. _ 35
  • 역량 분석 프레임워크를 소개합니다. _ 41

2 차별화 포인트는 기본기에서 빛납니다.

2-1) 숫자는 적극적으로 활용하십시오. _ 53
2-2) 날짜와 장소는 미리미리 기록하십시오. _ 55
2-3) 기업에 대한 애정과 관심은 기록과 분석에서 나타납니다. _ 58
2-4) 인재상은 기본요소입니다. _ 60
2-5) 직무상은 반드시 연결하십시오. _ 63
2-6) 기업마다 추구하는 스타일이 있습니다. _ 67

3 자기소개서 합격을 위한 고도화 전략

3-1) 자기소개 _ 77

3-2) 성장배경 _ 82

3-3) 인생의 가치관 _ 85

3-4) 지원동기 _ 88

3-5) 성격의 장단점 _ 112

3-6) 입사 후 포부 _ 116

3-7) 성공 및 실패 경험 _ 126

3-8) (직무 및 기술) 전문성을 발휘했던 경험 _ 132

3-9) 인생의 역할 인물(롤 모델) _ 139

3-10) 지원 직무에 적합한 역량 _ 142

3-11) 최근 이슈와 본인의 생각 _ 154

3-12) 창의적으로 (기술적/이론적) 문제를 해결한 경험 _ 157

3-13) 팀 및 단체활동을 통한 역량 발휘 경험 _ 160

3-14) 아이디어를 실현시켰던 경험 _ 163

3-15) 목표 달성을 위해 노력했던 경험 _ 166

3-16) 본인만의 차별화된 강점 활용 사례 _ 170

3-17) 주어진 업무를 책임감 있게 수행한 경험 _ 173

3-18) 회사에 대한 본인의 생각이나 느낀 점 _ 175

• 참고문헌 _ 176

자기소개서 편

취업 1타들의 수다

자기소개서 편

1. 지피지기면 백전백승입니다.

취업 1타들의 수다

1-1) 취업역량에 대한 확실한 이해가 필요합니다.
1-2) 경험일지는 평소 작성이 필요합니다.
1-3) 역량 프레임워크를 소개합니다.

지피지기면 백전백승입니다.

최근 다수의 취업준비생과 이야기를 나누어 보면 막연히 취업에 대한 희망 사항만을 가지고 있는 것 같아요. 특히 자기 자신을 어떻게 성장시키고 자신의 역량을 어떤 방향으로 고도화시켜 나갈지 아직 고민이 덜되었다고 느낄 때마다 아쉬움이 큽니다.

저도 같은 생각입니다. 많은 취업준비생의 공통된 현상이라고 느낄 때가 많아요. '그저 막연히 좋은 곳에 취업하면 모든 문제가 해결되겠지?' 혹은 '나는 무슨 일이든 시켜주면 잘할 것 같은데?'와 같은 생각만을 하다 보니 본인에 대한 철저한 분석이 안 되고 그렇다 보니 자기 어필이 안 되는 연쇄작용이 발생하는 것 같습니다.

네, 맞아요. 두 분의 의견에 크게 공감합니다. 취업을 하기 위해서는

본인이 해야 할 일이 굉장히 많이 있습니다. 단계적으로, 전략적으로, 내용적인 측면으로 접근해야 할 것들이 대단히 많죠. 그러나 이러한 상황을 모르고 오로지 취업에 대한 단순한 희망 사항만을 요구하다 보니 미스매치 현상도 많이 일어나고 현실적인 고민의 늪에 빠져서 다양성을 잃게 되는 경우도 많이 발생한다고 봅니다.

정 대표

결국 취업이라는 것은 취업준비생들이 본인들의 역량을 어떻게 성장시켰고 그걸 토대로 어떠한 직무성과를 낼 수 있을지에 대한 연결성 있는 고민의 연속이라고 생각이 됩니다.

이 교수

요즘과 같이 취업 전형의 단계가 복잡해지고 취업준비생들에게 요구되는 내용이 많아질 때일수록 더욱 혼란이 가중되는 것 같아서 아쉽습니다.

이 대표

결국 가장 중요한 것은 자기 자신을 먼저 정확히 진단하고, 분석하고, 평가하여 취업에 성공하는 것인데 '여기서 말하는 자기 자신을 안다'라는 것은 무엇을 의미할까요?

이 교수

결국 본인의 미래가치, 조직이나 직무상에서의 활용성, 성과 창출을 위해 필요한 기여 정도, 개인 역량 등을 의미하는 게 아닐까 싶습니다. 특히 본인의 활용성이나 미래가치는 취업 전형에 있어서 중요한 평가 요소이기도 하지요.

지피지기면 백전백승입니다.

정 대표: 특히 이러한 사항들은 자기소개서를 통해서 우선 표현되고 평가됩니다. 그렇기 때문에 자기소개서에 취업과 관련된 본인의 역량을 정확히 도출하고 녹여내는 것 또한 매우 중요한 활동 사항이라고 할 수 있겠습니다.

이 대표: 저도 그렇게 생각합니다. 그런 의미에서 이제부터 본격적으로 우리들의 이야기를 나누어 볼까요?

1-1) 취업역량에 대한 확실한 이해가 필요합니다.

이 대표

정 대표님과 이 교수님은 보통 '취업역량'이라는 것에 대해서 어떻게 정의를 내리고 계십니까?

정 대표

제가 생각했을 때 취업역량이라는 것은 취업에 성공하기 위해서 갖추어야 할 것들의 총체적 집합이라고 생각합니다. 소위 과거에는 스펙이라는 단어로 통용이 되었다면, 최근에는 '할 수 있다.', '가치가 있다.'로 확인될 수 있는 것들을 취업역량이라고 부르지 않을까 생각합니다.

이 교수

여기서 중요한 부분은 취업 현장에서 '능력'과 '역량'을 구분해야 한다는 점입니다. 취업 현장에서의 '능력'은 '가지고 있다.', '점수가 높다 낮다.' 등으로 구분될 수 있는 소위 스펙 관점에서의 내용이지만 '역량'이라는 것은 또 다른 범주에서 이해되어야 합니다. 가령 '○○자격증을 가지고 있다.'라는 사실은 능력이라고 할 수 있지만 '○○자격증을 통해 직무에 어떻게 기여하고 활용할 수 있다.'라고 하는 것은 역량이라는 관점에서 이해될 수 있습니다. 이러한 구분은 특히 자기소개서와 면접에서 중요합니다. 많은 취업준비생이 이 두 가지 개념을 혼동하시는 데 크게 어려운 부분이 아니므로 반드시 유념하실 것을 권고합니다. 하지만 아쉽게도 그리고 안타깝게도 많은 취업준비생은 아직도 면접이나 자기소개서에 능력만을 어필하는 수준에 머무는 경우가 비일비재합니다.

이 대표

정확한 답변인 것 같아요. 저도 생각해 보면 많은 취업준비생이 역량이라는 단어의 정의를 아직 낯설어한다는 것을 많이 느꼈습니다. 자기소개서에의 사례를 살펴보면 '구체적인 역량 발휘 경험'을 묻는다든지 '역량 향상 경험' 등을 묻는 항목들이 많이 있거든요. 이런 상황에서 역량과 능력을 혼동한다면 큰 오류에 빠질 수도 있을 것 같아요.

이 교수

정확한 지적입니다. 이런 상황이 바로 'A'를 물어봤는데 'B'를 답하는 경우라고 할 수가 있겠습니다.

정 대표

저도 같은 맥락에서 생각해 보면 우리가 논의한 취업역량이라는 것은 다음과 같이 정의할 수가 있을 것 같아요.

> 고(高)성과자로 성장할 수 있도록 미래가치를 표현해 줄 수 있는 특징적 장점

이 대표

잘 정의해 주신 것 같습니다. 취업역량이라는 것은 결국 많은 특징을 지니고 있을 것으로 판단됩니다. 제가 생각하는 취업역량의 특징은 다음과 같은데 두 분께서는 어떻게 생각하시는지요?

- 교육 및 훈련을 통해 개발이 가능함.
- 지속적인 발전 및 향상이 가능함.
- 업무를 수행하면서 발휘될 수 있는 고(高)성과 창출의 기반이 됨.
- 개인마다 차이가 발생함.

이 교수

적극적으로 동의하는 바입니다. 구체적인 정리에 감사드립니다. 이렇게 정리된 내용을 취업준비생들이 잘 활용하였으면 합니다.

정 대표

저도 마찬가지입니다. 취업역량이라는 것이 멀리 있거나 어려운 내용이 아니라는 사실이 중요하며 이를 바탕으로 취업준비생이 얼마나, 어떻게, 언제 활용할 수 있을지 결정한 후 그 중요성을 알아주었으면 합니다.

이 대표

꼭 유념해야 하는 부분입니다. 역량에 대한 기본 개념과 특징을 간과한 후 취업에 도전하면 매우 복잡한 상황을 겪을 수도 있기 때문입니다. 이미 많은 취업준비생이 능력 부분은 충분히 이해하고 있고 준비도 잘되어 있습니다. 그러나 역량 부분은 아직 갖추어 나가야 할 부분이 많이 있습니다.

이 교수

그렇다면 제가 두 분께 여쭙도록 하겠습니다. 우리가 지금 논의하고 있는 역량이라고 하는 것은 언제부터 길러 나가는 게 좋을까요?

저는 1학년, 2학년, 3학년, 4학년마다 준비해야 하는 내용과 수준이 다르다고 생각합니다. 즉, 1학년 때는 탐색적인 부분이 강조되고 2학년 때는 기본기를 쌓아야 하며 3학년 때는 전문성을 길러야 하며 4학년 때는 역량을 활용하는 전략 등을 실행에 옮겨야 한다고 생각합니다.

맞습니다. 역량을 향상시키는 시기에 정답은 없지만 1학년 때부터 역량 향상을 위해 노력하는 모습이 바람직하다고 생각합니다. 이 대표님의 말씀처럼 1학년과 2학년 때는 기초내용과 관련된 역량을 탐색하고 3학년과 4학년 때는 심화 내용과 관련된 역량을 향상시키는 것이 핵심이라고 생각합니다.

두 분께서 말씀하신 사항을 바탕으로 다음과 같이 표를 그려보았습니다. 즉, 우리가 이야기하고 있는 취업역량이라는 것을 향상시키기 위한 '취업역량 요소'들의 집합이며 나름의 길잡이 역할을 할 수 있다고 할 수 있습니다.

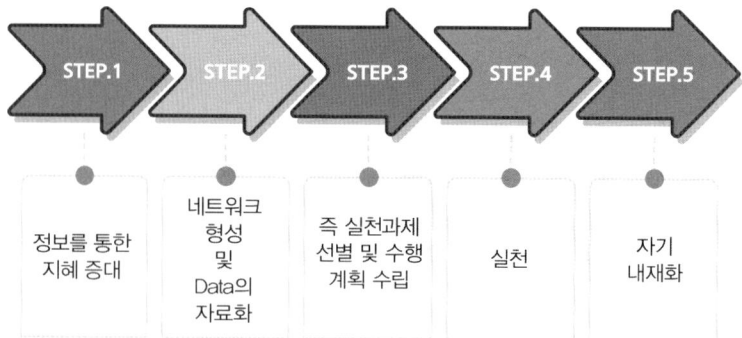

기본 역량 요소	• 학점 관리, 어학점수 확보, 동아리 활동, 취미생활, 봉사활동 • 아르바이트, 기초 자격증, 국내·외 여행, 시사 및 기초 상식
심화 역량 요소	• 어학연수, 경진대회, 취업캠프 및 세미나 • 전공학습, (비교/분석) 역량 프레임워크, 이력서 및 자기소개서 • 사회·경제·경영·IT 등 전반에 걸친 전문지식 및 자료 • 전공 기반 기술, 지식, 역량 등 '이론적', '소양적' 요소 • 공모전, 소논문 작성, 캡스톤 디자인, 연구 활동
역량의 활용	• 단기, 중기 취업역량 향상 로드맵 기반 활용 전략 도출 • 취업전략 및 방향에 대한 플랜 A, B, C 수립 • 자기 브랜딩 및 SWOT 분석을 통한 자기 주도성 확보 • 인턴, 봉사활동, 사회 및 해외 경험

이 대표: 결국 취업역량의 향상과 발휘는 위 표에서 정리된 '취업역량 요소'를 어떻게 갖추고 어떻게 관리하느냐에 따라 달려있군요.

정 대표: 네, 맞습니다. 예전에는 단순히 취업스펙 쌓기에만 몰두했다면 최근에는 취업역량을 향상시키기 위한 단계별 활동 요소와 내용별 역량 요소를 두루 갖출 필요가 있습니다.

이 교수: 여기서 한 가지 주목해야 할 점이 있습니다. 사실 예전에는 표에서 정리된 정도의 '취업역량 요소' 정도만 준비해도 서류전형을 통과할 확률이 매우 높았던 적이 분명 있었습니다. 그러나 최근에는 취업준비생의 역량이 상향 평준화되었기 때문에 '저 정도는 준비해 놓아야 서류전형에서 경쟁할 수준이 된다.'라는 사실도 잊지 않으셨으면 합니다.

정 대표: 저도 이 교수님께서 하신 말씀과 유사한 상황을 많이 겪곤 했습니다. 취업교육 현장에서 살펴본 바에 따르면 많은 취업준비생의 역량이나 자질, 목표 등이 꽤 높아졌다는 걸 느낄 수 있었습니다.

이 대표: 맞습니다. 그렇기 때문에 보다 주도적이고 능동적으로 본인의 '취업역량'과 '취업역량 요소'를 살피고 취업 준비를 해야 하겠습니다.

 이와 관련하여 자기소개서의 사례를 살펴보는 것도 좋을 것 같아서 잘 쓴 사례를 준비했는데요. 함께 자세히 분석을 해보시죠.

> 지원 직무와 관련된 본인의 전문지식이나 경험 등을 작성하고 이를 바탕으로 본인이 지원한 직무에 어떻게 역량을 기여할지 기술하시오.

　자동차 관련 워크숍 참가를 통해 인포테인먼트 기술, 친환경 자동차, 스마트 카와 같은 자동차의 현재와 미래를 알게 되었습니다. 이를 미리 준비하고 공부하고자 로봇 제작에도 참여했었습니다. 저는 '지하 내부 지도 작성을 위한 관로 탐지 로봇'을 만들어 지능로봇 경진대회와 ○○대학교 지능형 창작 로봇 대회에 지원하였습니다.

　구동 및 제작을 위한 기계공학적 지식, 회로 제어를 위한 전자공학적 지식, 코딩을 위한 컴퓨터공학 관련 지식 등 전공에서 배우지 않은 다양한 지식이 필요하였지만, 첫 대회 준비였기 때문에 이를 해본 적이 없었습니다. 게다가 다른 팀원들은 팀원의 충원이 필요하지 않다고 생각해 경험도 없는 이의 참여는 오히려 방해될 것으로 생각하는 분위기였고 만일 방해가 되면 6개월 남짓 남은 대회를 준비할 수 없는 상황이었습니다.

　팀에 참여하기 위해 현재 진행 중인 로봇의 문제점 업그레이드 방안을 제안했습니다. 당시 정밀한 위치 파악이 안 되어 지도를 그리는데 문제점이 많았고 이는 로봇의 구동과는 큰 연관이 없는 추가적인 부분이었습니다. 게다가 팀원 모두 기계공학과 학생이어서 제어 및 코딩 관련 분야에 쉽게 접근하지 못하였습니다. 따라서 이를 제가 맡기로 하여 팀에 참여하였고, 이후 효과적인 준비를 위해 경험자들의 조언을 바탕으로 AT mega 128 제어와 AVR Studio를 이용한 코드 작성, MFC 통신을 이용한 지도 제작, 센서값을 얻기 위한 Serial 통신, MATLAB을 통한 시뮬레이션 구현 등 필요 목록을 작성하여 우선순위를 정해 연구를 진행하였습니다. 이러한 연구를 바탕으로 정밀 위치를 파악하는 부분을 총 담당하였고 최종적으로는 로봇 내부에서는 인코더, 외부에서 초음파 센서를 사용하여 값을 얻고 이를 확장 칼만 필터(EKF)라는 이론을 이용하여 정밀한 위치를 얻는 데 성공하였습니다.

　저는 새로운 분야에 도전하는 데 두려움이 없습니다. 계획적으로 도전하고 전략적으로 접근하며 체계적으로 성취합니다. 또한, 맡은 분야에서는 포기하지 않고 원하는 결과를 도출해 내는 역량을 지니고 있습니다. 게다가 로봇 제작을 위해 실시한 다양한 연구를 통해 미래 자동차가 추구하는 기술역량을 파악하였습니다.

이처럼 저는 설계 분야의 능력을 강화하고자 다양한 설계 도구(Tool)를 다루어 보았고 미래 자동차의 준비를 위해 로봇을 제작하여 보았습니다. 이러한 경험은 자동차를 이해하는데 더 큰 장점이라 생각합니다. 지속적인 자동차에 대한 관심과 노력, 경험을 통해 저는 설계 엔지니어로서 역량을 발휘하여 해당 직무에서 요구하는 지식, 기술, 태도에 부합하는 든든한 인재로 계속해서 성장하도록 하겠습니다.

이 교수님과 이 대표님은 위 사례를 보신 후 100점 만점에 몇 점을 주고 싶으신가요?

저는 90점이요.

저는 95점이요.

매우 높은 점수네요. 그 이유를 여쭈어봐도 될까요?

 이 문항은 '사례'를 중심으로 어필하는 것이 핵심입니다. 왜냐하면 본인이 능력이 있고 역량을 보유하고 있다고 아무리 어필해 봐야 믿질 않기 때문입니다. 속된 말로 허공에 친 메아리와 같다고 할까요? 아무도 믿어주질 않습니다. 그렇기 때문에 사례를 토대로 본인의 경험과 지식을 구체적으로 전달하고자 하는 노력이 핵심입니다. 위 사례를 보면 로봇 대회에 참가하기 위한 노력의 과정을 '기술역량' 관점에서 아주 구체적으로 쓴 것으로 판단됩니다. 공학적으로 그리고 기술역량 측면에서 매우 구체적으로 접근하였고 각종 기초 전문성과 관련된 키워드를 구사하여 더더욱 구체성을 드높였다고 할 수 있습니다. 다만 100점을 얻지 못한 아쉬운 점은 설계 엔지니어에게 요구되는 '직무상'을 파악해서 이를 연계시킨 포부나 의지 부분이 충분하지 못하고 포부 측면에서의 구체적인 계획이 결여됐기 때문입니다. 이 부분은 앞에 언급한 내용을 포괄적으로 포장해 주는 역할을 하는데요. 가령, '이러이러한 역량과 기술을 보유하고 있으니 이러이러한 인재로 혹은 직무 담당자로 성장하도록 하겠다.'라는 흐름에서 매우 중요한 역할을 한다고 볼 수 있습니다.

 저는 보기의 자기소개서가 공학계열에서 쓸 수 있는 최고의 모범 사례가 아닐까? 하는 생각을 합니다. 저는 평소 자기소개서는 구체적이고 논리적이며 설득력을 지녀야 한다고 생각합니다. 그런 측면에서 제 기준으로 봤을 때 해당 자기소개서는 매우 잘 쓴 사례라고 볼 수 있습니다. 특히 인상 깊었던 부분은 공학적인 부분에서 기술역량 측면에만 머무르지 않고 '기술 리더'로서의 역할도 일부 표현하고 있다는 점에서 긍정적입니다. 많은 사람은 본인의 기술역량이나 경험만을 단순히 어필하는 데 그치

지피지기면 백전백승입니다.

곤 합니다. 많이 아쉬운 상황이지요. 그러나 위 자기소개서는 그런 부분에서 탈피하여 끝까지 자신의 기술역량을 어필함과 동시에 기술 리더로서의 자질과 소양도 어필하고 있습니다. 매우 인상적이라고 할 수 있습니다.

저도 매우 공감하는 부분입니다. 단순한 나열, 상투적인 표현, 뻔한 소재를 중심으로 쓴 자기소개서가 더 이상 경쟁력이 없다는 사실은 우리 모두 알고 있는 사실입니다. 그런 상황에서 위와 같은 자기소개서가 더욱 경쟁력이 있다고 생각합니다.

이번에는 제가 준비한 사례를 한번 볼까 합니다.

본인이 보유한 다양한 역량을 본인이 지원한 직무에 어떻게 활용할지에 대해서 기술하시오.

　데이터 분석을 통한 인사이트 도출 및 전략 수립 업무는 빅 데이터가 최근 산업 및 기술 발전에 핵심(Core)으로 자리 잡은 현 상황에서 매우 중추적인 역할을 수행한다고 생각합니다. 데이터에 대한 기초 역량은 물론 R, SQL, Python, Excel, STATA, SPSS 등 다양한 데이터 프로그래밍 및 통계 관련 언어와 프로그램 활용 능력이 요구됩니다. 저는 복수전공을 통해 제가 지원한 직무에서 요구하는 다양한 전문성을 갖추었습니다. 데이터와 관련된 전공 수업을 수강하며 기초적이고, 심층적인 내용을 학습하였고 이를 토대로 한 프로젝트를 수행한 적이 있습니다. 팀원들의 전공이 각기 다른 점을 감안해 항상 팀원들의 아이디어와 의견을 존중하면서 PM(Project Manager) 역할을 수행하였습니다. 특히 우리 프로젝트 팀의 아이디어가 전공과목에서 배운 기술을 얼마만큼 실현할 수 있을까에 대해서 다 같이 심도 있게 고민하였고, 그 결과 저희는 실시간 데이터를 활용하여 사회적 가치 실현을 하고자 결정하였습니다. 12대 중과실을

위반한 교통사고 최대 발생 지역을 유형별로 구분하고 교통사고의 발생을 예측하는 알고리즘 등을 개발함으로써 데이터를 활용하여 사고 발생 예상 시간, 사고 유형 등을 사전에 대비할 수 있도록 했습니다. 이처럼 데이터의 활용은 그 가치가 무궁무진합니다. 저 또한 ○○이 나아가고자 하는 데이터 세상에 함께 발전하는 인재로 성장하도록 하겠습니다.

우선, 제가 보유한 데이터 수집 역량과 분석 역량을 활용하도록 하겠습니다. 데이터의 수집과 활용은 데이터 기획 직무의 기본이라고 할 수 있지만, 목적을 어떻게 설계하느냐에 따라서 내용은 매우 달라집니다. ○○은 데이터를 기반으로 한 전사 실시간 고객 대응 체계를 지향하고 있습니다. 이에 저는 SCM, CRM, ERP, MIS 등 경영정보 연계시스템 등에 실시간 데이터를 연계하여 신속한 의사결정을 돕고 빠른 대응 체계 환경을 구축하는 데 이바지하도록 하겠습니다.

또한, 수요예측 기법을 더욱 정교하게 하는데 기여하겠습니다. 근래 고객의 수요와 니즈는 더욱 다양해지고 내용의 깊이는 더욱 깊어지고 있습니다. 그동안 단순 선형 모델을 기반으로 한 수요 예측 기법으로는 한계가 있기 마련입니다. 그렇기 때문에 저는 다양한 기법을 적용하여 미래 고객 수요를 더욱 정교하게 예측하는 체계를 마련하도록 하겠습니다. 이를 토대로 낭비를 제거하고 비용을 최소화할 수 있는 기대효과를 창출해 내도록 하겠습니다.

위 자기소개서를 보신 두 분의 소감을 듣고 싶네요.

저는 매우 잘 쓴 자기소개서라고 말씀을 또 드리고 싶습니다. 왜냐하면 질문의 요지를 정확히 파악하고 내용을 접근했기 때문입니다. 결국 본인의 역량과 직무와의 연계인데 자기소개서의 글쓴이는 본인의 사례를 중심으로 내용을 전개하면서 한가지 작전을 구사했습니다. 예를 들면 R, SQL, Python, Excel, STATA, SPSS 등의 프로그램과 SCM, CRM, ERP, MIS 등 경영정보 연계시스템 등을 언급하면서 이 프로그램과 시스템은 '내가 충분히 알고 있고 할 수 있다.'라는 것을 간접적으로 증명해 주고 있기 때문입니다. 매우 인상적이라고 할 수 있습니다.

저도 정 대표님의 의견에 전적으로 동의하는 바입니다. 게다가 '자기소개서의 글쓴이는 매우 전략적이구나.'라고 느낀 부분이 있습니다. 바로 '그동안 단순 선형 모델을 기반으로 한 수요 예측 기법으로는 한계가 있기 마련입니다. 그렇기 때문에 저는 다양한 기법을 적용하여 미래 고객 수요를 더욱 정교하게 예측하는 체계를 마련하도록 하겠습니다.'라는 부분입니다. 왜냐하면 제가 예상하면 자기소개서의 글쓴이는 이 자기소개서가 면접에서 활용된다고 가정하고 '심층 질문'을 유도하는 작전을 구사했다고 볼 수 있습니다. 가령 이런 질문이 나올 수 있겠죠. '그렇다면 지원자께서 생각하고 계신 더욱 정교한 수요 예측 기법은 어떤 것들이 있을까요?'라는 질문이 있을 테고 이는 충분히 예상되고 답변을 준비할 수 있는 질문이기 때문에 답변을 잘할 수밖에 없습니다. 그렇다면 그 결과는 우리 모두가 예상할 수 있을 것입니다. 매우 잘 구사한 자기소개서 작전이라고 할 수 있습니다. 그럼 마지막으로 제가 준비한 자기소개서 사례를 한번 살펴볼까요?

네 그러시죠.

 알겠습니다.

> 지원한 직무 분야에서 전문성을 향상시키거나 직무 지식의 습득을 위해서 본인의 역량을 강화하기 위해 노력했던 경험을 구체적으로 기술하시오.
>
> 최근 소비자의 마음을 사로잡는 광고를 기획하기 위해서는 소비자들이 항상 접속해 있는 디지털 환경에 대한 높은 이해도가 요구됩니다. 저는 ○○이라는 광고 대행사에서 6개월간 인턴생활을 경험하였습니다. 인턴이었지만 저의 업무 추진 역량과 커뮤니케이션 역량을 인정받아 화장품 계열의 고객사인 L 브랜드의 SNS 광고 운영을 담당하게 되었습니다. 저는 이를 통해 디지털 환경에서는 고객 중심의 콘텐츠가 중요하다는 것을 깨달았습니다.
>
> SNS 광고 운영 초반, 광고주는 이벤트 홍보나 제품의 성분과 같이 브랜드의 일방향 메시지가 담긴 콘텐츠를 다수 요청하였습니다. 그 당시 SNS에서 L 브랜드의 유기적 도달률이 하향세였기 때문에 L 브랜드 콘텐츠의 상호작용을 높이기 위해서는 콘텐츠 자체에 대한 매력도를 높이는 것이 중요했습니다.
>
> 저는 상호작용이 높은 경쟁사와 L 브랜드의 콘텐츠를 비교하였고 각 브랜드 콘텐츠의 메시지별 반응을 분석하였습니다. 그 결과 높은 인터랙션을 높이는 매력적인 콘텐츠는 소비자가 원하고 공감할 수 있는 브랜드 혹은 비관련 콘텐츠라는 것을 알게 되었습니다. 이러한 분석으로 새로운 콘텐츠의 방향을 기획하였고 두 달 만에 L 브랜드 SNS의 전파성 지수를 상승시킬 수 있었습니다.
>
> 이렇게 저는 인턴 생활을 통해 고객의 입장에서 콘텐츠를 기획하는 것이 디지털 마케팅의 핵심이라는 것을 체감하였습니다. 이제 저는 더 넓고 깊은 디지털 환경에서 다양한 플랫폼을 활용한 광고로 소비자와 브랜드를 잇고 싶다는 꿈을 품게 되었습니다.

이 교수: 저는 개인적으로 위 자기소개서를 보면서 애국가 4절이 생각났습니다. 왜냐하면 기승전결 흐름을 매우 완벽하게 구사했기 때문입니다. 문단별 구성 내용도 각각 다름으로써 자기소개서를 읽을수록 다음 문단을 궁금하게 만드는 그런 작전을 구사했다고 볼 수 있습니다.

이 대표: 맞습니다. 저도 마찬가지 관점에서 자기소개서를 분석했습니다. 굳이 본인의 역량을 말하지 않아도 본인의 경험을 통해서 직접 메시지를 전달하는 역량이 매우 뛰어나다고 할 수 있습니다. 이처럼 상투적이고 누구나 할 수 있는 멘트를 사용하지 않더라도 (예를 들어 책임감이 강하다. 등) 충분히 사례를 통해서 본인의 역량을 대변할 수 있습니다.

정 대표: 저는 조금 다른 관점에서 자기소개서를 바라보았습니다. 바로 '주체가 누구냐?'라는 것이었습니다. '나'를 중심으로 전개되는 상황들을 구체적으로 나열하고 나를 중심으로 해결책을 마련하는 등의 접근은 매우 훌륭한 접근입니다. 종종 나의 자기소개서를 작성하면서 마치 남 이야기를 하는 것처럼 작성하는 사례들이 있습니다. 그러지 않았으면 좋겠습니다. 자기소개서는 '나의 이야기'를 작성하는 것입니다.

1-2) 경험일지는 평소 작성이 필요합니다.

정 대표

이 교수님은 평소에 일기 쓰십니까?

이 교수

사실 저는 안 쓰고 있습니다.

이 대표

저도 일기는 안 쓰고 있고 업무 복기를 위한 메모는 하고 있습니다.

정 대표

저는 경험일지라는 것을 얼마 전부터 쓰기 시작했는데 매우 효과적이더라고요. 내가 언제, 어디에서, 누구와 무엇을 했는지에 대한 사항을 일목요연하게 기록하면 추후 매우 유용하게 활용할 수 있습니다.

이 교수

그렇다면 경험일지는 어떻게 구성하는 것이 가장 효과적일까요?

정 대표

사실 경험일지를 구성하는데 정답은 없습니다. 개인마다 경험한 사항이 각기 다르고 중요하게 여기는 사항 또한 매우 다양하기 때문입니다. 그래서 저는 아래와 같이 기본적인 사항을 강조하고 싶습니다.

경험명 : 아시아 ○○○ 인턴십	
1. 기간	23. 08. ~ 23. 10.
2. 주제	아시아 국가 내 낙후 지역을 위한 생활 편의 봉사
3. 주최	창의공학센터, 아시아 ○○○ 대학
4. 구성원	• 한국 ○○○ 대학 재학생 10명, 일본 ○○○ 대학 재학생 5명 등 총 18명
5. 참여 목적	- 생활 편의 아이템 제작부터 설계까지 진행되는 설계 과정 경험을 위함. - ANSYS를 활용한 제품 설계 경험을 위함. - 외국인들과의 글로벌 교류 경험을 위함. - 디자이너로서 설계와 제작 파트 업무 역량 향상을 위함.
6. 결과 및 성과	베스트 멤버상 수상 단원증 수상 설계 기반으로 자전거가 자동으로 돌아가는 아이템 제작

위 경험일지 사례를 보면 낙후 지역을 위한 생활 편의 봉사라는 주제로 인턴십을 2달간 진행을 했고 이와 관련된 주요 사항만을 기재하고 있습니다. 매우 전형적인 경험일지의 사례라고 할 수 있겠습니다. 만약 저라면 여기에 더해 '직무 역량' 혹은 '직무 연관성' 등이라든지 '활용 프로그램' 등도 추가하여 보다 자세하게 작성했을 것 같습니다.

이 대표: 저도 공감합니다. 경험일지라는 것은 나의 경험을 단순히 정리하는 것에만 머무는 것이 아니라 나의 경험을 토대로 희망 직무를 어떻게 연계하여 활용할 것인가를 매우 중요하게 다루어야 합니다.

정 대표: 그리고 많은 취업준비생이 경험일지를 자기소개서 작성하기 직전에 몰아서 작성하는 경향이 있습니다. 이와 같은 상황은 대단히 바람직하지 않습니다. 경험일지는 평소에 작성해야 합니다. 그래야 더욱 자세하고 뚜렷한 기억 상태에서 경험을 정리하여 기록할 수 있습니다. 특히 날짜, 장소, 한 일 등은 매우 정확해야 하고 변경될 수 없는 사실이기 때문에 반드시 제때 작성해야 함을 원칙으로 합니다.

이 대표: 저도 많은 강의를 통해서 경험일지의 중요성을 강조하고 있습니다. 경험일지의 중요성은 강조해도 끝이 없다고 생각합니다. 단적으로 경험일지를 토대로 쓴 자기소개서를 보면 경험일지가 얼마나 중요한 역할을 하는가를 알 수가 있습니다.

2022년 5월 7일에 2022 대학생 창의력 경진대회에 참가한 적이 있습니다. 저는 팀원 5명과 함께 드론과 헬리콥터의 기능을 합친 '드론콥터'라는 컨셉의 작품으로 경진대회에 임했고, 그 결과 최우수상을 수상하였습니다. 저희 팀은 드론의 주요 기능에 헬리콥터의 기능을 합친 참신하고 획기적인 아이디어를 제시하였고, 친환경 전자 장치라는 점을 차별화 요소로 부각했습니다. 특히 전기를 연료로 활용하는 드론의 특성을 십분 고려하여 이산화탄소, 질소산화물 등 매연 연기를 제로화할 수 있는 점도 강조하였습니다. 그 결과 좋은 성적을 거둘 수 있었다고 생각합니다.

5월 7일 09시 00분에 시작된 대회가 2시간가량 흘렀을 무렵, 저희 팀이 설계한 엔지피지기면 백전백승입니다.

진의 위치가 드론이 최고의 퍼포먼스를 창출하는 데 약간의 무리가 있다는 의견이 있었습니다. 그래서 엔진의 위치를 드론의 꼬리 쪽으로 옮겨서 헬리콥터의 수송부의 위치와 균형을 이루는 프레임을 재설계하였습니다. 그리고 대회가 4시간가량 흘렀을 때, 저희 팀의 드론콥터는 약 50kg의 무게를 들어 올리며 주행에 성공하였습니다.

저는 기술 전략을 담당하는 기획자로서, 팀장은 전체 프로젝트를 관리하는 PM으로서, 그리고 나머지 3명은 프로그래머, 엔지니어, 조종사로서 역할 분담이 매우 잘 되었기 때문에 팀워크도 매우 좋았다고 할 수 있습니다.

이 교수

위 자기소개서는 일부이기는 하지만 경험일지가 자세하게 작성되지 않았다면 구체적으로 작성될 수 없는 사례라고 할 수 있습니다. 시간의 흐름 단위로 팀이 한 일을 구체적으로 작성하였고 각자의 역할 또한 잘 구분되어서 팀이 운영되었다는 사실도 구체적입니다.

이 대표

네, 맞습니다. 결국 경험일지는 나의 부지런함과 성실함을 대변해 준다고 할 수 있습니다.

1-3) 역량 프레임워크를 소개합니다.

 이 대표님과 정 대표님께서는 프레임워크(Framework)라는 뜻을 잘 알고 계시지요?

 제가 이해하고 있는 프레임워크는 '틀'이나 '구조'를 의미한다고 알고 있습니다.

 저도 비슷합니다.

 여태껏 저희가 역량과 관련된 이야기를 해보았습니다. 결국 취업의 관건은 역량을 얼마만큼 보유하고 있는가와 역량을 어떻게 활용할 것인가와 관련된다고 할 수 있습니다. 같은 측면에서 지금 소개해 드릴 '역량 프레임워크(Competency Framework)'는 역량을 구조화하고 틀에 맞춰 분석함으로써 어떻게 활용할 것인가를 도와주는 하나의 도구라고 할 수 있습니다. 이 역량 프레임워크를 작성하는 궁극적인 목표는 이력서와 자기소개서의 작성을 매우 효율적으로 돕고 생산적인 결과물을 도출하는 것을 지원하는 것입니다. 그만큼 매우 중요한 작업이라고 할 수 있습니다. 또한 역량 프레임워크는 경험일지를 기반으로 확대 생산된 도구라고 볼 수 있습니다. 경험일지를 통해서 수집되고 정리된 사항을 기반으로 하기 때문이지요. 사실 역량 프레임워크는 취

업 준비를 하면서 반드시 작성하고 준비해야 할 필수요소는 아닙니다. 취업준비생 개인마다 필요에 의해 준비하고 작성하면 됩니다. 다만 문제는 무엇이냐면 이 역량 프레임워크를 미리 작성한 취업준비생과 그렇지 않은 취업준비생은 취업을 준비하는 과정에서 엄청난 차이가 존재했다는 것입니다. 제가 실제로 미니 테스트를 통해서 해당 사실을 증명을 했었습니다. 실제로 역량 프레임워크를 미리 작성한 학생은 12시간 동안 14개 기업의 자기소개서를 작성 후 완성하여 입사 지원을 할 수 있었던 것에 반해 역량 프레임워크를 미리 작성하지 않은 학생의 경우 12시간 동안 5개 기업의 자기소개만을 작성할 수가 있었습니다. 취업이 결국 가능성과 확률의 싸움이라고 가정했을 때 14 대 5의 차이면 엄청난 차이라고 할 수가 있습니다.

▌역량 비교 프레임워크를 소개합니다.

제가 지금 보여드릴 것은 역량 프레임워크 중 역량 '비교(Comparison)' 프레임워크라고 불리는 도구입니다. 역량 비교 프레임워크는 말 그대로 나와 다른 사람의 역량을 비교하고자 할 때 사용하는 프레임워크라고 할 수 있습니다. 그럼 여기서 말하는 다른 사람이란 누구일까요? 친구? 선배와 후배? 아닙니다. 바로 '내가 하고자 하는 직무' 혹은 '가고자 하는 회사에 미리 합격한 취업 선배들'이라고 할 수 있습니다. 즉, 다시 말해 역량 비교 프레임워크는 나와 취업 선배들의 역량을 비교하는 도구라고 정의할 수 있으며 같은 맥락에서 역량 간 비교를 통해 나의 부족한 점을 찾고 잘한 부분을 부각하고자 할 때 활용된다고 할 수 있습니다. 역량 비교 프레임워크의 구성을 보면 크게 기초정

보와 보유 역량 부분으로 나누어져 있습니다. 기초정보는 취업 준비생의 개인과 관련된 기초 사항을 기입하는 곳입니다. 소속 학교나 전공, 학점, 이름 등 아주 기초적인 부분을 작성한 후 과거에 내가 취업에 도전했던 경험을 작성하는 것입니다. 어떤 회사에 지원했으며 결과는 어땠으며 그 이유는 무엇이었는지에 대한 상세한 분석까지 이루어져야 더욱 효과적이라고 할 수 있습니다. 그리고 향후 취업 목표는 산업을 우선 선정한 후 그 산업에 속한 기업을 선택하고 그 기업이 운영 중인 직무를 선택하여 목표로 삼는 것입니다.

<u>역량 비교 프레임워크</u>

(1) 기초정보

소속 학교/전공		학점	
이름			
과거 취업 도전 경험	지원 회사	결과	이유
향후 취업 목표 분야	산업	기업	직무

역량 비교 프레임워크의 두 번째 구성인 보유 역량 부분은 매우 중요한 부분입니다. 왜냐하면 나의 보유 역량에 대한 철저한 분석이 필요하고 역할모델 등 다른 취업 선배들의 취업역량에 대한 면밀한 조사가 요구되기 때문입니다. 보유 역량을 구성하고 있는 역량 카테고리(외국어, 자격증, 인턴십, 공모전 등)는 취업준비생 개인마다 다르므로 각자 상황과 보유역량에 맞도록 구성하면 됩니다. 그 이후 역할모델의 취업역량을 취업 커뮤니티에 접속하여 조사한 후 정리하여 역량 카테고리별로 구분해서 기입하면 비로소 역량 비교 프레임워크가 완성된다고 할 수 있습니다. 자 그럼 그 이후에는 어떤 결과가 나타나느냐? 취업준비생인 내가 부족한 부분(빈칸)과 잘하고 있는 부분(꽉 찬 칸)을 명확히 구분해 낼 수 있으며 이는 역할모델 등 타인과 비교했을 때 내가 어느 부분에서 더욱 경쟁력을 확보해야 하는지를 판별해 주는 가늠자 역할을 한다고 할 수 있습니다.

(2) 보유 역량

	나의 현재 수준 및 내용	역할모델(취업 선배)의 수준 및 내용	보완 기한
외국어			
자격증			
인턴십			
공모전			
연구과제			
봉사활동			
해외경험			
동아리			
대외활동			
교육사항			
견학			
아르바이트			

정 대표: 여러 가지 활용 목적으로 활용이 가능할 수도 있겠네요. 나와 취업 선배 등 역할모델과의 비교뿐만이 아니라 보완 기한을 조금 더 정교하게 나누어서 조사하고 계획을 수립하면 보다 체계적인 역량 성장 계획표가 될 수도 있을 것 같습니다.

이 교수: 정확하십니다. 다양성 있는 활용이 역량 비교 프레임워크의 최고 장점이라고 할 수 있습니다.

이 대표: 이렇게 많은 장점이 있는 도구를 많은 취업준비생이 적극적으로 활용했으면 좋겠습니다. 권고하는 정도가 아니라 의무 사항으로 여기고 제대로 그리고 정확히 사용했으면 합니다.

이 교수: 아래 보기는 실제 취업준비생이 작성한 역량 비교 프레임워크의 사례입니다.

	현재 수준 및 경험	취득 및 보완 계획 및 일시
		내용 및 방법
외국어	• 토익스피킹 160	토익스피킹 160~170
자격증	• 컴퓨터활용능력 1급 • 정보처리기사 • 전기기사	컴퓨터활용능력, 품질기사 정보처리기사, MOS 인터넷정보관리사, 한자자격검정 식스시그마, 트리즈

인턴십
경험
	• ○○○시스템즈(2022.3~2022.8.)
	  : 재고관리, 부품 선별, 생산계획,
	    OM관리
		대기업 인턴 2회(연구개발 부문)
		중견기업 6개월(생산관리 파트)

공모전	• ○○○○ 엑스포 코리아 2021 공모전 우수상 ○○정보산업진흥원 • ○○사업단 창업아이디어 최우수상	• 창의적 홍보 대회 • 대학생 소논문 경진대회

프로젝트
및
연구과제
	• 제품 제작 과정 기반 아이디어 도출
	  : 비주얼 베이직 및 오라클 활용
	  : 창의력 향상 기법 적용
	  : 기업분석 및 보완점 제시
	  : 공정분석 및 문제해결 방향성 제시
		• 창의력 프로젝트관리
		• 공학 프로젝트 매니지먼트
		• 공정분석 프로젝트
		• 문제해결역량 정보수집 실습 과제 등

봉사활동	• 헌혈 30회	• 해외봉사, 헌혈, 자원봉사 등
해외 경험	• 동남아시아 단기연수(2021.5~7) • 미국 해외인턴(2023.6~9)	• 캐나다/호주/필리핀 어학연수 • 교환학생 등
동아리	봉사동아리, 취업동아리	• 영어회화동아리, 봉사동아리, 학회 등
대외활동		• 국토대장정, 학생회, 해외봉사, 학회
기타		• 조선소 현장 경험 • 3D프린트/ CATIA 실무교육 • ○○디딤돌 기구설계 • ○○○발전소 유지보수 • 성적장학금 • ○○본부 교육수료

▌역량 분석 프레임워크를 소개합니다.

이 교수

역량 비교 프레임워크에 이어서 소개해 드릴 또 다른 도구는 바로 역량 '분석(Analysis)' 프레임워크입니다. 역량 비교 프레임워크가 나의 보유 역량과 취업 선배 등 역할모델의 취업역량을 비교하여 나의 역량 준비 정도를 비교하는 것이었다면 역량 분석 프레임워크는 말 그대로 나의 역량을 분석하여 직무와 연계시키는 것을 돕는 도구입니다.

경험	목적	언제	어디서	어떤 경험	내가 한 것	결과	
						정량	정성
	직무 연계						
	직무 연계						

이 교수

위에 보시는 바와 같이 역량 분석 프레임워크의 양식은 매우 간단합니다. 복잡하지 않습니다. 경험을 기입한 후 이 경험을 어떤 목적으로 행하게 되었는지에 대해 정확히 언급을 합니다. 그 이후 육하원칙과 유사한 사항에 맞게 내가 한 경험을 세부 내용

으로 나눈 후 자세하게 내용을 기입하면 되는 것입니다. 아래와 같이 말이죠. 다만 특징이 있다면 '내가 한 것'과 그에 대한 결과를 '정량과 정성'으로 구분하여야 한다는 부분입니다. 많은 취업준비생이 '어떤 경험'에서 이야기하고 역량 프레임워크나 자기소개서를 마무리하는 경우가 허다합니다. 그러나 정작 중요한 것은 그 경험 속에서 '내가' 한 일은 무엇인가를 명확히 인지하고 기술해야 한다는 점입니다. 또한 결과를 단순하게 '○○○해서 매우 좋았다.'라는 식의 접근이 아닌 '숫자나 데이터로 나타낼 수 있는 정량 데이터'와 '느낌이나 생각, 의견 등으로 나타낼 수 있는 정성 내용'으로 나타내야 한다는 점입니다.

경험	목적	언제	어디서	어떤 경험	내가 한 것	결과	
						정량	정성
글로벌 캡스톤 디자인 공학 프로젝트	설계 제작 역량 / 글로벌 역량 / 팀워크	22.8 (1개월)	○○ 대학교 ○○ 사업단/ 동남아 소재 ○○ 대학교	현지 대학생들과 팀을 이뤄, 현지 주민의 문제점을 파악하고 그것을 해결할 수 있는 제품을 제작하고 선물하는 방법으로 프로젝트를 실시함.	팀장, 디자인 역할. 현지의 문제를 제대로 파악하기 위해 직접 거리로 가서 현지 주민과 인터뷰 실시 후 문제점을 파악함. 이후 3층 화단 아이디어를 도출해 냈고, 설계 및 제작함.	구멍을 낸 파이프를 워터펌프와 함께 설치한 3층 화단을 설계, 제작하여 효율을 18% 향상시킴.	팀 매칭, 문제점 찾기, 현황 분석, 아이디어 도출, 설계, 제작의 설계직무를 체험했고, 현지 대학생들과 교수님들과 소통을 통해 글로벌 역량을 키울 수 있었음.
	직무 연계	• 일련의 설계과정을 겪으면서 외국인과 협력을 통해 실무를 직·간접적으로 체험할 수 있는 기회였음. / 설계 직무에 사용 가능한 현실적용 기술 등을 연구 및 조사함. / 협력, 문제해결력, 도전적 역량을 성장시킴						

> 지피지기면 백전백승입니다.

정 대표: 위 사례를 통해서 직접 내용을 살펴보니 더욱 자세히 이해가 가는 것 같군요. 제가 예상한 대로입니다. 보통 취업준비생을 지도하다 보면 '글로벌 캡스톤 디자인 공학 프로젝트에 참가한 적이 있다.' 정도로만 언급하거나 기술하지 저렇게 자세하게 이야기하는 경우는 심층 면접 때 말곤 거의 없습니다. 그러나 중요한 사항이 뭐냐면 서류가 통과해야 심층 면접도 볼 수 있다는 것입니다. 누구나 다 아는 자명한 사실입니다. 그러나 이런 것들을 우리 모두 다 알고 있음에도 불구하고 많은 이들은 자기소개서 등에 저렇게 상세하고 정교한 기술을 하지 않는다는 점이 다소 아쉬웠습니다.

이 대표: 맞습니다. 역량 분석 프레임워크를 잘 작성하면 나중에 자기소개서에 잘 활용할 수 있을 거라는 말씀이 다시 한번 떠오릅니다. 속된 말로 역량 분석 프레임워크에 작성된 내용들만 잘 정리해놔도 자기소개서 1개 문항에 대한 답은 금방 작성되니까 말이죠.

이 교수: 정확하십니다. 자기소개서를 효과적이고, 생산적이고, 효율적이고, 행복하고, 스트레스 줄이고 작성할 수 있는 궁극의 정도(正道)라고 할 수 있습니다.

저는 평소 설계 제작 역량 및 글로벌 역량 그리고 팀워크 등을 종합적으로 향상시키고 싶어서 22년 8월 ○○대학교 ○○사업단과 동남아 소재 ○○대학교가 공동 주최하는 글로벌 캡스톤 디자인 공학 프로젝트에 참여하였습니다.

현지 대학생들과 팀을 이뤄, 현지 주민의 문제점을 파악하고 그것을 해결할 수 있는

제품을 제작하고 선물하는 방법으로 프로젝트를 실시하도록 계획하였고 좋은 성과를 얻을 수 있었습니다. 저는 팀장 및 디자인 역할자로서 역할을 수행하면서 현지의 문제를 제대로 파악하기 위해 직접 거리로 가서 현지 주민과 인터뷰 실시 후 문제점을 파악하는 등의 노력을 기울였고, 그 결과 3층 화단 아이디어를 도출해 냈고 이를 구체적으로 설계하고 제작하였습니다.

결과적으로는 구멍을 낸 파이프를 워터펌프와 함께 설치한 3층 화단을 설계하고 제작함에 따라 매우 효율적인 문제해결 방안을 도출할 수가 있었습니다. 또한 다른 한편으로는 팀 매칭, 문제점 찾기, 현황 분석, 아이디어 도출, 설계, 제작의 설계 직무를 체험했고, 현지 대학생들과 교수님들과 소통을 통해 글로벌 역량을 키울 수 있었습니다.

이러한 저의 노력과 경험은, 제게 일련의 설계과정을 겪으면서 외국인과 협력을 통해 실무를 직·간접적으로 체험할 수 있는 기회를 제공해 주었습니다. 또한 설계 직무에 사용 가능한 현실 적용 기술 등을 연구 및 조사할 수 있는 환경을 제공해 줌으로써 선행학습을 충분히 하면서 기초 전문성을 배양해왔습니다.

이 자기소개서의 내용은 '초안'입니다. 무슨 내용의 초안이냐면 제가 바로 위에 소개해 드린 역량 분석 프레임워크의 사례의 내용을 그대로 가져와서 문장의 시작과 끝, 흐름만 다듬은 상태에서 자기소개서를 작성한 사항입니다. 역량 분석 프레임워크의 내용을 가져와 자기소개서를 작성하는 데 정확히 7분 15초 걸렸습니다.

매우 현실적이고 전략적이군요.

지피지기면 백전백승입니다.

이 대표: 같은 상황이라면 자기소개서 문항 10개를 작성하는 데 1시간 20분쯤이면 충분한 시간이 되겠는데요?

이 교수: 매우 실용적입니다.

자기소개서 편

2. 차별화 포인트는 기본기에서 빛납니다.

취업 1타둘이 수다

2-1) 숫자는 적극적으로 활용하십시오.
2-2) 날짜와 장소는 미리미리 기록하십시오.
2-3) 기업에 대한 애정과 관심은 기록과 분석에서
     나타납니다.
2-4) 인재상은 기본요소입니다.
2-5) 직무상은 반드시 연결하십시오.
2-6) 기업마다 추구하는 스타일이 있습니다.

2

차별화 포인트는 기본기에서 빛납니다.

정 대표님은 평소 취업준비생을 가르치시거나 상담하실 때 응용력과 기본기 중 어떤 것을 더욱 강조하시나요?

저는 기본기를 더욱 강조하면서 이야기를 하곤 합니다.

저도 기본기를 조금 더 중요하게 여기는 편입니다.

이유를 여쭤봐도 될까요?

저 같은 경우 기본기를 매우 중요하게 생각하는데요, 몇 가지 이유가 있습니다. 첫 번째는 기본기가 확실해야 응용력도 발휘된다고 믿고 있는 점이고요, 두 번째는 기본기가 확실하다는 것은 가지고 있는 것이 많다는 것이라는 점이고요, 세 번째는 응용력도 결국 기본기의 하나라고 보기 때문입니다. 많은 사람은 취업에 있어서 기본기를 말할 때 올바른 자기소개서 작성법, 바람직한 면접 기술, 그리고 효율적인 취업전략 발휘 등을 언급합니다. 저도 크게 동의하는 부분입니다. 이 대표님께서는 취업에서의 기본기란 무엇이라고 생각하십니까?

저는 창의적이고 독창적인 것이 바로 기본기라고 생각합니다. 언뜻 보면 말이 잘 안 되는 것 같기도 하지만 기본기가 확실해야 창의적인 발상도 시작이 되고 독창적인 무언가도 만들어진다고 믿습니다. 가령, 올바른 자기소개서 작성법에 대해서 매우 많은 교육을 받았다고 창의적인 자기소개서가 작성이 될까요? 저는 그렇지 않다고 생각합니다. 물론 자기소개서 작성 교육을 받는 것이 그렇지 않은 경우보다 유리한 것은 맞습니다. 다만 제가 강조하고 싶은 부분은 올바른 자기소개서를 작성하기 위해서 요구되는 사항들이 기본적으로 확실하게 갖추어져 있느냐를 먼저 파악했으면 하는 점입니다. 자기소개서를 작성하는 데 있어 필요한 기본기는 다양합니다. 물론 표준어를 구사하고 맞춤법을 올바르게 준수하며 띄어쓰기를 유의해야 한다는 점은 당연히 언급하지 않겠습니다. 취업에서의 기본기는 '단계별로 갖춰야 할 기본 역량이나 경험, 노하우, 지식, 전문성을 얼마만큼 체계적으로 갖추었느냐?' 하는 부분입니다. 앞서 우리가 논의한 '기본 역량 요소', '심화 역량 요소', '역량의 활용' 부분에서처럼 단계별로 역량을 갖춘 상태에서 이를 어떻게 활용할까에 대한 고민을 현실적이고 효과적으로 했는지에 대한 고찰이 필요합니다. 예를 들어, 대학교 1학년생이 대학교 4학년생이 갖춰야 할 역량을 미리 갖추었다고 해서 기본기가 뛰어나다고 할 수 있을까요? 혹은 그 반대인 상황이 기본기가 뛰어나다고 할 수 있을까요? 저는 약간의 우려가 있습니다. 결국 제가 생각하는 취업에서의 기본기는 각 시기나 단계별로 갖추어야 할 것들을 갖추는 것이라고 생각합니다.

저도 첨언을 좀 드리도록 하겠습니다. 기본기를 직무와 연계시켜서 말씀을 드리면 취업에 있어 기본기란 '직무를 가장 잘할 수 있는 나의 역량'이라고 말씀드리고 싶습니다. 예를 들어, 경영관리 직무면 경영관리를 잘할 수 있는 경영학적 역량과 재무적 역량, 전략적 사고와 의사결정역량, 데이터 활용 역량 등이 요구됩니다. 이때 기본기란 각각의 역량을 대변해 줄 수 있는 경험이나 활동 결과 등이라고 할 수 있을 것입니다. 예를 들면, 데이터 분석 자격증이라든지 경영관리 직무에서의 인턴십 그리고 재무 전공과목 이수 등과 같은 취업 아이템을 말합니다. 저는 이 중에서도 강조하고 싶은 부분이 있습니다. 취업준비생 개인별 보유하고 있는 취업 아이템을 직접적으로 혹은 간접적으로라도 직무와 연계하여 어필해야 한다는 점입니다. 이것이 바로 기본기 발휘라고 생각합니다. 그리고 기본기가 발휘되어야 창의

적이고 독창적인 자기소개서가 생성될 수 있습니다. 결국 저도 두 분께서 말씀하신 바와 같이 창의적이고 독창적인 것은 기본기에서 발휘된다고 생각합니다.

가령 이런 예를 들 수 있지 않을까요? '저는 인턴십을 수행하면서 경영관리 직무에 대해서 상세한 내용을 파악할 수 있었고 저를 성장시킬 수 있는 계기를 마련했다고 생각합니다.'와 같은 내용이 보통 평범한 상황입니다. 이를 보다 기본기에 충실한 문장으로 재구성한다면 '저는 경영관리 직무와 관련된 인턴십을 ○○에서 6개월간 수행하였습니다. 이 과정에서 제가 보유하고 있는 재무적 지식을 십분 발휘하여 월간/주간 재무제표 검수를 수행하였고 R과 Excel 등의 프로그램을 활용하여 데이터 분석을 통한 인사이트를 확보할 수도 있었습니다. 특히 제가 경영학을 전공하면서 배웠던 전공 과목에서의 다양한 지식과 지혜를 인턴십이라는 소중한 기회를 통해 발전시킴으로써 스스로를 성장시킬 수 있었던 좋은 기회였다고 생각합니다.'

맞습니다. 결국 차별화된 자기소개서는 확실한 기본기에서 시작됩니다.

2-1) 숫자는 적극적으로 활용하십시오.

제가 최근에 지도한 학생 2명이 있었습니다. 한 친구는 그 친구만의 특징이 두드러지게 나타났던 친구였고 또 다른 친구는 그렇지 못한 평균적인 친구였습니다. 반면 아이러니하게도 실력이나 역량 등은 후자인 친구가 더 좋았습니다. 그러나 매우 안타깝게도 후자인 친구는 '자신만의 무언가를 잘 어필하지 못한다.'는 느낌을 많이 받게 했습니다. 가령 이런 상황에서 확 치고 나가야 하는데 그렇지 못한 느낌을 많이 받았습니다. 예를 들자면 '저는 많은 실험을 통해서 좋은 결과를 얻었고 저와 함께했던 팀원이나 지도교수님으로부터 호평을 받았습니다.'와 같이 매우 상투적이면서도 두루뭉술한 표현이 매우 안타까웠습니다.

저런 상황이 취업 교육 현장에서 매우 빈번하게 나타난다는 점이 아쉽습니다. 사실 위와 같은 상황에서 가장 시급하게 습관을 들여야 하는 것이 '숫자'를 활용하는 것입니다. 많은 취업준비생께서 숫자 활용과 관련해서 대단히 스트레스를 받고 부담을 느낍니다. 그러나 결코 어려운 부분이 아닙니다. 이 부분에 대해서 어떻게 생각하세요, 이 대표님?

네, 맞습니다. 이 교수님 말씀대로 자기소개서에 숫자를 활용하는 것은 어렵게 접근할 문제가 전혀 아닙니다. 아주 간단하게는 이렇게도 활용할 수가 있습니다. '저는 한 달 동안 동일 주제에 대해서 8번의 실험을 수행하였습니다. 그중 A라는 방법론을 적용하였을 때 기존 대비 15% 정도 향상된 결론을 얻었고 이는

제 실험 결과 중 가장 효과적인 성과라고 말씀드릴 수 있었습니다.'라는 방식으로도 어필할 수가 있습니다. 숫자를 활용한다는 것은 상당히 많은 장점을 지니고 있습니다.

네 맞습니다. 숫자를 활용한다는 것은 자기소개서를 읽는 사람들에게 신뢰를 주고 객관성을 확보해 주는 등 장점이 매우 많다고 할 수 있습니다. 그렇기 때문에 한편으로는 숫자를 활용한다는 점에 대해서 신중하게 접근할 필요성도 있습니다. 바로 '정직'과 관련된 부분입니다. 자기소개서에 쓰인 숫자를 일일이 증명해야 하고 증거자료를 제출해야 하는 상황은 거의 없습니다. 그렇기 때문에 숫자를 활용할 때 높은 수준에서의 정직과 윤리가 매우 요구된다고 할 수 있습니다.

결국 숫자란 나의 자기소개서를 더욱 빛나게 해주는 하나의 무기라고 할 수 있습니다. 아주 가벼운 접근부터 해나간다면 좋겠지요? 가령 이런 식의 기본 연습부터 말이죠.

---

1) 저는 봉사활동을 매우 자주 수행하였습니다.
  → 저는 한 학기 평균 40시간가량의 봉사활동을 수행해 왔습니다.
2) 저는 매우 다양한 경험을 통해 저 자신을 성장시켜 왔습니다.
  → 저는 인턴십, 공모전, 학회 활동 등 주요 3가지 활동에서 두드러진 역할을 함으로써 성과를 창출하였고, 이 중 4번의 인턴십 참여를 통해 저 자신을 성장시켜 왔습니다.

2-2) 날짜와 장소는 미리미리 기록하십시오.

이 교수님, 이 교수님께서는 평소 일정 관리를 어떻게 하십니까?

저는 핸드폰에 설치된 캘린더 앱을 정말 잘 활용하고 있습니다. 정 대표님은 어떠십니까?

저는 워낙 방대하게 일을 하다 보니 일정 관리를 위해서 큰 모니터가 필요하더라고요. 그래서 저는 스케줄 관리 앱, 다이어리 앱 등을 혼합해서 사용합니다.

저는 일정 관리만큼 중요한 사항이 있다고 생각합니다. 바로 날짜와 장소에 대한 기록입니다. 제 사견입니다만 제가 평소 자기소개서를 심사하거나 면접관으로 임할 때면 항상 날짜와 장소가 올바르게 기재되거나 혹은 언급되는가에 대해 심도 있게 살피는 편입니다. 왜냐하면 아주 기본적으로 날짜와 장소를 활용해야만 표현될 수 있는 문장이 있고 조금 더 나아가서는 육하원칙에 의거하였을 때 중요하게 활용될 요소이기 때문입니다. 날짜를 기억하지 못하고 '대략 언제쯤'으로 이야기하고 장소를 기억하지 못하고 '대략 거기쯤'으로 이야기하게 되면 이런 것들이 습관화되고 주변으로부터 좋은 평가를 받지 못합니다. 그런 결론은 매우 좋지 않은 상황이라고 할 수 있고 그만큼 중요한 요소라고 할 수 있습니다.

정 대표

저도 이 교수님의 말씀에 전적으로 동의하는 바입니다. 면접관으로서 심사를 진행하면서 '언제쯤 했던 활동인가요?'라고 물으면 거의 절반 정도의 면접자들이 제대로 답변을 하지 못한다는 것을 경험하였습니다. 기본 중 기본이라고 할 수 있습니다. 날짜, 장소, 기간 등은 약방의 감초로써 그 역할을 분명히 해주는 요소입니다. 그럼에도 불구하고 많은 취업준비생들이 중요도를 크게 느끼지 못하는 것 같아서 아쉽습니다.

이 대표

날짜와 장소를 반드시 기억하고 난 후 자기소개서를 작성하고 면접에서 답변을 해야 하는 이유가 명확합니다. 바로 자기소개서를 평가하는 평가자와 면접에서의 면접관들에게 신뢰와 확신을 주기 때문입니다. 앞서 저희가 언급한 숫자의 활용과 비슷한 맥락이라고 할 수 있습니다. 그러나 이 또한 매우 전략적으로 접근할 필요가 있습니다. 바로 앞서 이 교수님께서 소개해 주신 역량 프레임워크를 활용하는 부분입니다. 자기소개서를 잘 쓰고 면접 답변을 잘하기 위해서는 평소 역량 프레임워크를 잘 활용할 것을 말씀드렸습니다. 이것이 바로 기본기이기도 합니다.

Before

대학교 때, 태양광을 활용하여 상시 충전 배터리를 설계한 경험이 있습니다. 프로젝트 팀원이 모두 적극적으로 참여하였고, 각자의 장점을 살린 팀워크로 1%의 낭비도 허용하지 않고 시각화하여 우수상을 수상하였습니다.

After

2022년 대학교 3학년 때, 한국○○○학회에서 개최한 전국 대학생 창의설계 경진

차별화 포인트는 기본기에서 빛납니다.

대회에 참가한 경험이 있습니다. 전공과의 연계성 그리고 취업희망 분야 등을 전반적으로 고려하여, 저희 프로젝트 팀은 태양광을 활용한 상시 충전 배터리를 설계하고자 하였습니다. 소프트웨어와 하드웨어를 담당하는 팀원 모두 충분한 역량을 보유했다고 판단하였고, 각자의 장점을 살린 팀워크를 활용하여 1%의 낭비도 허용하지 않고 시각화하여 한국○○○학회에서 우수상을 수상하였습니다.

2-3) 기업에 대한 애정과 관심은 기록과 분석에서 나타납니다.

보통 많은 취업준비생들이 이렇게 말씀을 하십니다. '저는 이 회사에 너무 많은 관심이 있고 이 회사에 애정이 있어서 지원하게 되었습니다.'라고요. 여기서 말하는 '애정'이라는 것이 결국에는 무엇을 의미할까요, 정 대표님?

저는 이렇게 생각합니다. 애정이라는 것이 결국에는 지원동기나 성장계획 혹은 포부와 연결되어서 언급되거나 기술되어야 하는데 그렇지 못한 경우가 매우 빈번하죠. 많은 취업준비생들이 애정이라는 것이 곧 내가 지원하는 회사에 대한 관심이라고 혼동하시는 경우가 많이 있습니다. 하지만 냉철한 관점에서 말씀드리면 애정과 관심은 그다지 크게 연결되지는 않습니다.

맞습니다. 많은 취업준비생이 언급하는 애정, 관심이라는 것은 결국 말로써 끝나는 것이 아니라 행동이나 결과로써 보이는 것이어야 합니다. 가장 대표적인 질문이 있습니다. 면접의 마무리 상황에서 행해지는 질문인데요, '궁금한 사항이나 하고 싶은 말이 있습니까?'라는 질문은 거의 십중팔구 물어본다고 보시면 됩니다. 이때 내가 지원한 회사에 대한 관심과 애정을 충분히 보여줘야 합니다. 그 방법으로는 내가 지원한 회사가 당면한 문제라든지 혹은 과거에 있었던 일들에 대한 사항들을 언급하면서 진짜 궁금한 것을 질의하는 것입니다. 그렇게 하기 위해서는 평소 내가 관심 있어 하는 혹은 지원하고자 하는 회사에 대한 주요 정보들을 수집 및 기록, 분석하고 본인의 입장에서 해석하는 습관을 길러야 합니다. 그래야 많은 취업준비생이 말씀하시는 애정과 관심을 표현할 수가 있는 것입니다. 말로만 관심이 있고 애정이 있다고 매일 이야기해봤자 별로 효과적이지 않습니다.

저도 동의합니다. 내가 지원한 회사에 대한 관심은 내가 그동안 얼마만큼 그 회사와 관련된 정보를 수집했느냐이고 내가 지원한 회사에 대한 애정은 내가 그동안 어떻게 그 회사와 관련된 기록을 해석하고 분석했느냐에 따라 큰 차이를 나타냅니다. 반드시 기억하시길 바랍니다.

2-4) 인재상은 기본요소입니다.

제가 좋아하는 한 기업의 인재상에 대해서 소개해 드릴까 합니다. 5가지 인재상에 대해서 일목요연하게 정리를 한 것을 확인할 수가 있습니다.

- 인재존중을 기업문화로 실천하는 ○○○○인
- 끝없는 도전과 자기개발하는 ○○○○인
- 소통 협력에 앞장서는 ○○○○인
- 글로벌 경쟁력을 갖춘 ○○○○인
- 현재에 안주하지 않고 혁신을 찾는 ○○○○인

많은 취업준비생께서 자기소개서나 면접에서 1분 자기소개를 할 때 인재상을 많이 활용하십니다. 특히 1분 자기소개를 할 때 전반적인 사항을 소개하면서 인재상을 많이 언급하십니다. 그러나 인재상을 토대로 자기소개를 하거나 면접에 임하는 것은 사실 그리 특출나거나 차별화된 전략은 아닙니다. 왜냐하면 나 아닌 모든 지원자들이 그들이 지원한 회사의 인재상을 이미 숙지하고 임하고 준비하기 때문입니다. 그렇기 때문에 인재상을 보다 전략적으로 활용할 필요가 있습니다. 인재상은 기본요소입니다. 그렇기 때문에 차별화된 전략을 구사하기보다는 안정적이고 기본적인 사항을 전달하는 데 활용해야 합니다. 가령, 위 회사의 인재상에서 보듯이 '끝없는 도전과 자기개발하는 ○

차별화 포인트는 기본기에서 빛납니다.

○○○인'이라는 인재상을 자기소개서의 주제로 활용했다고 가정하면 여기에서 나올만한 이야기는 충분히 예상 가능합니다. 그래서 인재상은 더욱 정교한 접근이 필요하기 마련인데요, 예를 들자면 성격의 장단점이나 성장배경에 어울리는 배경 요소로 활용하는 전략 등이 유효할 것이라고 판단됩니다.

> 개인이 아닌 공동의 목표를 달성하기 위해 타인과 함께 노력했던 경험과 그 과정에서 본인이 노력한 사항 등을 당사의 인재상에 기반하여 기술하여 주시기 바랍니다.

창업 팀 프로젝트의 일환으로 'MZ세대의 핸드폰 디자인 선호도 조사'를 수행한 경험이 있습니다. 프로젝트 초기 시장의 범위가 매우 넓고, 대상 또한 매우 다양하였기 때문에 우리 팀의 목표는 자주 변경되었습니다. 우리 팀은 MZ세대의 다양한 특징 중 '소비 문화'를 중심으로 시장을 Targeting 하였고, 많은 대상을 상대로 설문조사를 실시하여 해당 결과 도출하였습니다.

시장조사 및 상권분석을 통해 MZ세대의 살아있는 목소리를 찾아낼 수 있었고 이를 통해 수익성 있는 상권을 탐색할 수가 있었습니다. 또한 선형 모델 등을 기초로 한 다양한 수요예측 모델을 활용하여 수익성 및 경제성 분석을 통해 사업 타당성 검토 등을 겸하여 우리 프로젝트팀이 추구하는 창업 목적에 타당성을 뒷받침해 줄 수 있었습니다. 이후 대내외 환경분석을 중심으로 한 실용성 있는 전략 등을 충분히 제시한 사업계획서 등을 작성함으로써 창업 팀 프로젝트 1위를 달성하였습니다.

저는 많은 부분에서 매우 부족한 리더였습니다. 하지만 우리 팀원들과의 협업 과정에서 팀원들과 노력하는 방법, 커뮤니케이션 방법, 치밀한 자료조사법, 효율적인 자료 분석, 비즈니스 인사이트 도출, 타당성 및 논리성의 직무 소양을 경험하였고, 이러한 저의 노력과 경험은 제가 지원한 귀사의 '자율과 책임'이라는 인재상에 부합하는 미래를 향한 가능성이라고 생각합니다.

이 대표

위 자기소개서의 사례를 곰곰이 살펴보면 인재상에 대해서 단 한 번 언급하고 있을 뿐이지 인재상이 글의 주인공이 되지는 않습니다. 아주 효과적이고 전략적인 접근이라고 판단됩니다. 왜냐하면 인재상에 대해서 중점적으로 이야기를 한다고 해서 그 인재상에 최적화된 인재라고 판단하지도 않을뿐더러 자칫 상투적이고 표면적인 이야기에 그칠 확률이 매우 높기 때문입니다. 그렇기 때문에 보기의 자기소개서 사례처럼 사례와 경험을 위주로 인재상을 간접적으로 증명해 주는 이야기를 해주는 것이 훨씬 효과적이라고 할 수 있습니다.

정 대표

네, 매우 적절한 피드백입니다. 저 또한 마찬가지 입장입니다. 아무리 인재상에 적합하다고 글로 쓰고 입으로 이야기를 해도 현장의 평가자들은 믿어주질 않습니다. 그렇기 때문에 그와 관련된 사례 위주로 소양이나 가능성을 제시해 주는 것이 더욱 중요하다고 다시 한번 말씀을 드리고자 합니다.

2-5) 직무상은 반드시 연결하십시오.

이 대표

최근 저는 우리 취업준비생들이 얻을 수 있는 가장 큰 선물이라고 한다면 바로 'NCS(국가직무능력표준, National Competency Standards)'라고 하고 싶습니다. 현존하는 국내의 모든 직무와 관련된 정의, 세부 직무, 역량(지식, 기술, 태도), 경력경로, 취업정보, 교육정보 등을 총망라하여 제시해 주고 있기 때문입니다. NCS는 비단 자기소개서를 작성할 때뿐만이 아니라 모든 취업 준비과정에서 적극적으로 활용해야 합니다. 그만큼 엄청난 정보의 보고라고 할 수가 있습니다.

이 교수

저도 자주 들어가는 NCS 사이트(www.ncs.go.kr)입니다. 매우 훌륭하다 못해 감동적이기까지 합니다. 특히 NCS에서 가장 유심히 들여다볼 내용이 있습니다. 직무를 대분류, 중분류, 소분류, 세분류, 능력단위로 분류하고 각각의 직무에서 요구하는 '지식, 기술, 태도'를 정의하고 있습니다. 저는 이 중 '태도'를 '직무상'이라고 간주하면서 취업준비생을 지도하고 있습니다. 우리가 보통 인재상은 많이 들어보고 접해봤어도 직무상은 접하기 힘들었던 만큼 새로운 개념 정의라고 할 수 있습니다. 직무상은 직무에서 요구하는 태도, 소양, 가치관이라고 할 수 있는데 기업 전체 관점에서 요구하는 인재상과는 결이 다르다고 할 수 있습니다. 최근의 흐름을 보면 인재상 관점에서 자신의 소양이나 가치관을 어필하는 것보다 직무상 관점에서 자신의 기술교양이나 직무 역량, 가치관, 태도 등을 어필하는 것이 더욱 높은 평가를 받습니다. 그렇기 때문에 우리 취업준비생들은 반드시 직무상에

대한 조사를 철저하게 해놓고 분석을 한 후에 자기 내재화를 해야 합니다. 아래의 사례를 토대로 이야기를 나누어 보시죠.

	능력단위요소 사례
○○전략 수립하기	[태도] • 분석적인 사고와 객관적으로 증명하려는 태도 • 경쟁사의 동향을 적시에 분석하고 각종 정보를 신속하게 수집하려는 태도 • 전략 수립과 관계된 배경, 목적, 기대효과 등을 철저히 이해하려는 태도 • 동료에게 적극적으로 공유하고 함께 일하려는 태도

출처: NCS, 재편집.

위 표는 NCS에서 제공하는 일부 내용을 재가공·재편집한 사항입니다. '○○전략 수립하기'라는 능력단위요소, 즉 세부직무에서 요구되는 태도를 4개로 구분해서 나타내고 있습니다. 많은 취업준비생은 이 점을 주목할 필요가 있습니다. 왜냐하면 1차 접근과 2차 접근으로 나누어 활용성을 판단해 봐야 하기 때문입니다. 우선 1차 접근은 위에 언급된 4가지 태도를 그대로 직접 인용해서 활용하는 사항입니다. 가령 예를 들자면 '저는 분석적인 사고와 객관적으로 증명하려는 태도를 지닌 사람입니다.'라는 식으로 말입니다. 이러한 접근은 직접적인 내용 언급 측면에서는 효과가 있으나 매우 단순하고 피상적인 효과에만 머무는 경우가 많습니다. 왜냐하면 나 아닌 다른 취업준비생들 또한 위와 같은 4가지 태도를 직접 인용하여 그대로 언급하는 경우가 많고 이렇게 된다면 이는 나만의 특징이나 태도라기보다는 공통된 태도라고 할 수 있기 때문에 차별성이 확연하게 떨어진다고 할 수 있습니다.

그럼 2차 접근은 취업준비생 개인이 보유한 사례나 경험을 위주로 해서 위에 언급된 4가지 태도를 간접 인용하는 방법이 될 수 있겠군요?

네, 정확하십니다. 2차 접근은 쉽게 표현해서 '굳이 직접 말은 안 해도'라는 뉘앙스로 전달할 수가 있습니다. 가령 '전략 수립과 관계된 배경, 목적, 기대효과 등을 철저히 이해하려는 태도'를 강조하고 싶다면 이와 관련된 프로젝트 참여 경험이나 일의 기획 및 추진 전략 수립 사례, 보고서 작성 사례 등 본인만이 보유한 아이템을 언급하면서 이야기를 해줘야 더욱 차별화되고 좋은 평가를 받을 수 있습니다.

그럼 제가 준비한 사례를 한번 같이 볼까요? 아래 사례는 자신의 소양이나 태도와 관련된 사항을 기술한 자기소개서의 사례입니다.

자신의 평소 신념이나 활동을 통해 본인의 가치관을 실현시켰던 점을 이야기해 주십시오.

지난 2020년부터 대학생활을 하면서 학문적인 배움도 있지만 봉사를 통한 마음의 배움이 더 컸다는 것을 시간이 지날수록 더욱 소중하게 느끼고 더욱 가치 있게 생각합니다. 학문적인 배움은 나 스스로가 얼마만큼 노력하느냐에 따라서 충분히 빛을 발하는 부분이지만 봉사를 통한 배움은 아무리 여러 번 기회를 얻는다고 해도 그리고 나 스스로가 얼마만큼 노력한다고 해도 제대로 된 배움의 기회가 아니거나 혹은 함께하

는 사람이 없으면 소중한 깨달음을 얻을 수 없기 때문입니다.

2022년 1학기에 시작했던 사회봉사에서 저는 많은 교훈을 얻게 됩니다. 독거노인과 다문화 가정 아이들 돌봄과 관련된 봉사활동을 시작하면서 평소 남들보다 부족하다고 자책했던 저 자신도 남을 도우며 빛이 될 수 있다는 점을 느낄 수 있었으며 성장의 발판을 마련했다고 생각했기 때문입니다. 몸과 마음이 편찮으신 어르신들을 찾아뵙고 그분들로부터 감사의 말씀을 들으며 제가 다른 사람들을 도울 수도 있다는 점에 뿌듯했고, 다문화 가정 아이들을 돌보면서 한국어를 가르쳐주고 기본적인 컴퓨터 사용법 등을 가르쳐 주는 활동을 통해 봉사라는 것이 단순히 베푸는 것에 머무는 것이 아니라 다른 사람들을 이해하고 그들의 마음을 얻는 것이라는 사실을 깨닫는 것에 매우 행복했습니다.

이를 계기로 저는 더 나아가 2022년 2학기에 기자단 및 홍보단 활동과 같은 대외활동도 적극적으로 수행해나가기 시작했습니다. 현재 저는 사회진출을 눈앞에 두고 있습니다. 사회진출 후 많은 부분에서 제가 생각한 것 이상으로 많은 역할과 책임이 요구될 것으로 예상됩니다. 하지만 제가 어린 시절부터 깨우쳐 온 봉사를 통한 성장과 배움 그리고 사랑의 가치는 결코 잊지 않고 더욱 성장시켜 나가도록 하겠습니다.

위의 자기소개서 사례를 자세히 살펴보면 굳이 '봉사와 희생정신이 충분한 사람이며 이는 직무를 수행하는 데 있어 큰 가치로 작용할 것입니다.'라고 이야기를 하지 않았습니다. 다만 본인이 많은 봉사활동을 하면서 느낀 감정, 소중함, 성장, 사랑, 가치 등을 사례를 통해 이야기를 하고 있습니다. 잘 쓴 2차 접근의 전형적인 사례라고 봐도 전혀 무리가 없는 수준입니다. 잘 썼습니다.

2-6) 기업마다 추구하는 스타일이 있습니다.

정 대표

저는 종종 취업준비생과 커피를 마시면서 이런 질문을 합니다. '어떤 일을 하고자 준비하고 있나요?'라고 물으면 참으로 다양한 답변이 나옵니다. 그런데 제가 이런 질문을 하는 중요한 이유가 있습니다. 왜냐하면 다수의 취업준비생이 얼마나 많은 준비와 분석이 되었는가를 확인하기 위함입니다. 정확히 제가 바라는 모범 답안은 다음과 같습니다. '저는 ○○기업의 ○○팀에서 ○○직무를 하고 싶은 목표가 있습니다. 왜냐하면 ○○기업의 ○○직무는 타 기업의 ○○직무와는 다른 A, B, C 등의 특징을 지니고 있고 저의 역량, 경험, 전공, 포부 등을 전반적으로 고려했을 때 제가 하기에 가장 적합한 직무라고 판단되었기 때문입니다.'라고 답을 하면 매우 이상적인 상황이 될 것 같습니다. 왜냐하면 같은 직무라고 하더라도 A라는 기업과 B라는 기업에서의 직무 정의, 필요 역량, 세부 직무 등이 모두 다르기 때문입니다. 예를 들어 '경영기획'이라는 직무에 대해서 A라는 기업은 '경영에 필요한 재무적 역량을 활용하여 데이터를 분석하고, 사업 통찰력을 도출하여 사업 성과를 창출하기 위한 수행과제를 도출하는 직무'라고 되어 있습니다. 반면 B라는 기업은 '사업 성과의 창출을 위하여 자원의 투입부터 산출까지의 과정을 낭비 없이 관리하기 위하여 최적의 안을 도출하는 직무'라고 되어 있습니다. 그래서 경영기획이라는 직무만을 막연히 생각한 취업준비생은 매우 혼란스러울 것입니다. 왜냐하면 경영기획과 관련된 하나의 개념에만 의존하여 취업역량(혹은 스펙)을 만들어 놓고 활용 계획도 세우고 자기소개서도 작성하려고 했던 계획

이 있었기 때문입니다.

이 대표

그렇습니다. 그렇기 때문에 많은 취업준비생은 반드시 내가 지원하고자 하는 직무에 대한 정의, 필요 역량, 세부 직무 등을 각 기업에서 어떻게 정해 놓았는지 자세히 살피고 분석할 필요가 있습니다.

이 교수

반드시 명심하십시오. 같은 그룹 내에 속한 그룹사들끼리도 동일 직무명에 대한 내용이 다 다르다는 것을!

자기소개서 편

3. 자기소개서 합격을 위한 고도화 전략

3-1) 자기소개
3-2) 성장배경
3-3) 인생의 가치관
3-4) 지원동기
3-5) 성격의 장단점
3-6) 입사 후 포부
3-7) 성공 및 실패 경험
3-8) (직무 및 기술) 전문성을 발휘했던 경험
3-9) 인생의 역할 인물(롤 모델)
3-10) 지원 직무에 적합한 역량
3-11) 최근 이슈와 본인의 생각
3-12) 창의적으로 (기술적/이론적) 문제를 해결한 경험
3-13) 팀 및 단체활동을 통한 역량 발휘 경험
3-14) 아이디어를 실현시켰던 경험
3-15) 목표 달성을 위해 노력했던 경험
3-16) 본인만의 차별화된 강점 활용 사례
3-17) 주어진 업무를 책임감 있게 수행한 경험
3-18) 회사에 대한 본인의 생각이나 느낀 점

3 자기소개서 합격을 위한 고도화 전략

이 대표님과 정 대표님은 최근 접해본 자기소개서 중에서 가장 인상 깊은 자기소개서가 있습니까?

저는 두 개 정도 생각이 나는 것 같습니다.

저는 최근 매우 인상 깊었던 자기소개서가 있었습니다. A 통신사에 입사를 희망하는 취업준비생이 약 1년에 걸쳐 기업 조사를 실시했고, 그 결과를 바탕으로 지원동기와 입사 후 포부 및 성장계획을 작성한 것이었습니다.

이 대표: 와, 매우 흥미로웠겠는데요?

정 대표: 네, 맞습니다. 특히 '입사 후 포부'가 아직도 생생하게 기억에 남습니다. 1년간 기업 조사를 실시했으니 얼마나 자료가 많았겠습니까? 그런데 이 취업준비생은 그 많은 자료를 '新성장동력 사업 진출 계획서'와 같은 내용을 작성하는 데 사용하였습니다.

이 교수: 무엇인가요?

정 대표: 본인이 CEO라고 혹은 직무 담당자라고 가정을 하고 기업의 성장 방향성에 대해서 자기 나름대로 내용을 단기, 중기, 장기적 측면으로 구분하여 작성을 하였습니다. 물론 자기소개서이다 보니 표현할 수 있는 양도 제한적이었고 많은 이야기를 할 수는 없었지만 이러한 시도는 면접에서 충분히 질문으로 이어질 수 있는 내용이니만큼 매우 잘한 시도라고 할 수 있습니다.

이 대표: 정 대표님께서 말한 대로 자기소개서에서 쓴 내용은 면접에서도 충분히 이어질 수 있는 사항입니다. 이렇게 상황을 정리해볼 수 있는데요, 자기소개서에서는 주요 사항에 대한 개요, 즉 요약된 사항을 정리해서 기술하는 것이라면 면접에서는 자기소개서에서 요약된 사항을 아주 자세하게 구술하는 것이라고 할 수 있습니다. 그렇기 때문에 자기소개서에서 중요하게 다루었던 사항들은 마찬가지로 면접에서도 중요하게 다루어집니다.

이 교수: 같은 맥락으로 잘 쓴 자기소개서는 면접에서도 우수한 평가를 받을 확률이 높다고 이해하면 되겠군요. 그렇다면 자기소개서를 잘 쓰기 위한 문항별 세부적인 작전을 구사하는 취업준비생이 합격할 확률이 높다는 이야기입니다.

이 대표: 네, 맞습니다. 기업에서도 자기소개서 문항별로 묻는 목적이 각기 다릅니다. 즉 자기소개서 문항마다 각기 다른 질문 목적을 지니고 있으니 각 문항에서 요구하는 답변을 해야 한다는 점을 중요하게 여겨야 합니다. 제가 두 분께 하나 질문을 드리려고 하는데요, 두 분께서는 자기소개서의 문항이 여러 개일 때 하나의 소재를 여러 개 문항에 적용해서 자세하게 쓰는 게 맞다고 생각하십니까? 아니면 여러 개 문항에 맞도록 여러 개의 다른 소재를 쓰는 게 맞다고 생각하십니까?

이 교수: 저는 확고하게 주장할 수 있습니다. 여러 개의 문항에 맞도록 여러 개의 다른 소재를 자기소개서에서 언급하는 것이 맞다고 주장합니다. 그 이유는 자기소개서를 통해서 취업준비생의 다양성과 활용성을 강조해야 하는 중요한 목적이 있는데 만약 자기소개서에서 한 개 혹은 두 개 정도만의 소재만을 강조하게 되면 그만큼 자기 자신을 내세우고 자랑하고 어필할 기회가 확연히 줄어듭니다.

정 대표: 저도 마찬가지 입장입니다. 자기소개서의 문항이 여러 개인 이유가 있습니다. 만약 한 개의 소재에 대해서 자세하게 써야 한다면 자기소개서의 문항이 여러 개일 필요가 없습니다. 하나의 문항을 통해서 '글자 제한 없이 최대한 자세히 기술하시오.'라고

하면 되지 굳이 여러 개의 자기소개서 문항을 만들어서 자기소개서를 구성할 필요가 없습니다. 자기소개서의 문항이 여러 개인 이유는 문항별로 묻고자 하는 목적이 각기 다르기 때문입니다.

정 대표님의 정확한 말씀입니다. 자기소개서라는 것은 면접전형에 앞서 필요한 평가 도구 중 하나이기 때문에 다양성을 보여줄 필요가 있습니다. 즉, 하나의 소재에 대해서 깊고 상세한 이야기는 면접에서 이야기를 하면 되기 때문에 자기소개서에서는 다양한 소재를 소개한다는 취지로 이야기를 하면 충분합니다.

앞서 자기소개서의 문항별 요구하는 내용이 다르다고 말씀을 해주셨습니다. 그렇다면 문항별 적용하고자 하는 소재의 내용도 자기소개서 문항에 맞게 전략적으로 연결해야 한다는 것을 알 수가 있습니다.

3-1) 자기소개

자기소개서를 시작하는 문항인 자기소개는 어떻게 작성하는 것이 좋을지에 대해서 두 분의 의견을 듣고 싶습니다.

저는 자기소개라는 문항을 '종합선물세트'에 비유하고 싶습니다. 왜냐하면 하나의 내용에 집중하여 작성하기보다는 다양한 내용을 두루두루 작성하는 것이 더욱 효과적이라고 생각하기 때문입니다. 마치 하나의 선물상자에 많은 선물이 골고루 들어있는 종합선물세트처럼 자기소개 문항도 다양성 있게 작성되어야 합니다.

면접에서도 자주 나오는 단골 문항이지만 자기소개서에도 자주 나오는 단골 문항이기도 합니다. 이 자기소개서 문항에서 명심해야 할 사항 중 가장 중요한 사항은 취업준비생의 인생사를 나열하는 것이 아니라는 점입니다. 자기소개라고 해서 자신의 중학교 시절, 고등학교 시절, 대학교 시절을 쭉 언급하면서 소개하는 것은 올바른 접근 방법이 아닙니다. 최근 해당 문항은 취업준비생이 지원한 직무를 위해서 본인이 얼마만큼의 역량을 보유하였는가 혹은 그 역량을 얼마만큼 발휘하면서 성장을 도모하였는가에 대한 종합적인 설명을 요구하고 있습니다. 그렇기 때문에 취업준비생의 인생사를 나열한다든지 혹은 하나의 소재에 대해서 자세히 설명하는 등의 접근은 지양해야 하는 작전입니다.

정 대표 네, 올바른 말씀입니다. 저 또한 많은 취업준비생과의 대화를 통해서 해당 문항을 어떻게 대하고 작성해야 하는가에 대해서 고민을 많이 합니다. 정답은 없지만 모범 내용이라고 할 수 있는 사항에 대해서 앞서 이 대표님께서 자세히 설명을 해주신 것 같습니다.

이 대표 그럼 자기소개서 사례를 보면서 이야기를 나눠보시죠.

자신의 역량을 중심으로 하여 자기소개를 작성하시오.

저는 기업 및 조직의 역량(Competence)과 비즈니스를 융합한 부분에 기초하여, 기술경영 전략을 수립하고 신기술 등을 planning 하는 점에서 남들보다 뛰어난 역량을 발휘합니다. 이는 그간의 저의 사고방식과 경험 특히, 업무를 추진함에 있어서 사명으로 생각하고 행동해 왔던 저만의 역량 향상의 노하우라고 말씀드릴 수 있습니다. Big data 분석 기반 사용자 패턴 중심의 서비스 기획, 품질평가, 신규사업 기획, IT기술 roadmap, 신기술 동향 및 전략 파악, 선진사/경쟁사 벤치마킹 및 핵심 성공 요소 적용, 미래 중장기 전략 수립 등의 업무는 기술경영의 전체적인 역량을 더한 저의 멀티플 레이어 역량을 충분히 그리고 가장 뛰어나게 발휘할 수 있는 분야라고 생각합니다. 또한, 업을 수행함에 있어 저는 다양성 있는 가치를 발휘할 수 있는 강점을 지녔다고 자부하며 숫자를 정보화할 수 있는 능력을 지녔습니다. 많은 도표와 수치를 단순화하지 않고 그 안에 새겨진 의미를 파악하고 메시지를 파악하여 데이터가 제시하는 인사이트를 발견하는 능력은 제가 지닌 최고의 강점이라고 생각합니다. MZ세대를 대상으로 한 신규 핸드폰 디자인 관련 정량/정성적 조사 결과 분석은 저의 다양성 있는 역량을 두드러지게 보여준 사례였고, 파이썬(Python) 등의 프로그래밍 언어를 통한 데이터 분석 모델링 설계 등의 사례는 저의 심도 있는 전문성을 표출하기에 부족함 없는 사례라고 생각합니다. 아울러, 저는 유관 및 타 부서와 협업을 할 때 저의 역량은 두드러진

3 자기소개서 합격을 위한 고도화 전략

다고 자부합니다. 결국 조직의 발전과 미래를 위하여 업을 수행하는 것이기 때문에 동료애를 발휘하고 서로 조금씩 이해한다면 큰 시너지 효과를 나타내어 한발 더 나아갈 수 있다고 생각합니다.

두 분은 보기의 자기소개서 사례를 보신 후 몇 점을 주고 싶으십니까?

전체적으로 저는 80점 정도의 점수를 주고 싶습니다.

저는 85점 정도요.

저는 해당 자기소개서의 전체적인 구조를 중점적으로 살펴보았습니다. 역량의 단순한 나열이 아닌 형용사 붙은 키워드를 중심으로 문장화하였고 본인의 경험이나 역량을 초반에 나열함으로써 자기소개서를 보는 이의 관심을 이끌기에 충분합니다. 그리고 포부와 소양으로 글을 마무리하는 것은 매우 바람직한 접근이라고 할 수 있습니다. 다만 아쉬운 것은 문단이 조금 더 나뉘었으면 하는 생각이 있고 10%~15% 정도 글의 양을 줄였으면 더욱 가독성이 좋아질 것으로 사료됩니다.

정 대표: 제가 85점을 주었는데요, 나머지 15점을 채우기 위해서는 나열된 역량을 뒷받침할 수 있는 사례를 언급해 주어야 한다는 생각이 있었기 때문입니다. 가령 '신기술 동향 및 전략 파악'이라고 한다면 '어떤 신기술의 동향을 어떻게 파악하여 무슨 내용을 도출하였고 어떤 전략을 사용하고 있었는지에 대한' 사항까지도 요약해서 언급을 해주어야 합니다.

이 교수: 제가 첨언을 드리자면 해당 자기소개서에 추가되었으면 하는 내용이 또 있습니다.

정 대표: 뭔가요?

이 교수: 바로 '시기'입니다. 각각의 활동을 언제쯤 실시했는지에 대한 시기가 언급되어 있지 않기 때문에 약간은 두루뭉술한 느낌이 있습니다.

이 대표: 저도 충분히 공감하는 부분입니다. 보다 명쾌한 전달을 위해서는 시간이나 시기, 일정 등이 매우 중요한 요소입니다.

이 교수: 네, 맞습니다. 시기를 대입해서 다시 읽어보니 확실히 명확해지는 부분이 있군요.

자기소개서 합격을 위한 고도화 전략

정 대표

결국 자기소개서에서 자기소개 문항은 본격적인 자기소개서를 작성하기 전 종합적인 측면을 고려하여 자신의 직무 역량이나 전문성 등을 사례 위주로 작성해서 보여줘야 합니다.

3-2) 성장배경

이 대표

자기소개서에서 성장배경을 물어본다는 것은 참 다양한 의미를 지니는 것 같아요. 그 중 대표적인 목적에 대해서는 의견이 분분할 것 같아서 두 분께 여쭤보고자 합니다. 자기소개서에서 성장배경이라는 문항을 작성할 때는 어떤 점을 유의해야 할까요?

이 교수

이 부분은 제가 정리해서 제 생각을 말씀드리고 자기소개서 사례까지 보여드리는 게 좋을 것 같습니다. 자기소개서에서 성장배경을 물어본다는 것은 이 대표님 말씀대로 다양한 목적이 있습니다. 하지만 매우 큰 함정도 지니고 있습니다. 많은 취업준비생이 자기소개서 상의 성장배경을 작성할 때 본인의 인생사를 적으려고 결심을 하고 중학교부터 대학교까지의 학창 생활과 관련된 내용, 유년 시절부터 청년 시절까지의 가정생활과 관련된 내용, 군 복무와 관련된 내용 등 위주로 작성을 하고자 합니다. 하지만 이는 최근 트렌드와는 다소 거리가 먼 접근이라고 할 수 있습니다. 마케터가 되고자 하는 홍길동이라는 지원자가 자기소개서를 작성한다고 할 때 지원하고자 하는 회사의 관계자들은 인간 홍길동의 인생사를 궁금해하겠습니까? 마케터로서 홍길동의 인생사를 궁금해하겠습니까? 당연히 누가 봐도 후자입니다. 왜냐하면 전자의 내용은 이력서를 살펴보면 다 파악할 수 있는 내용이기 때문입니다. 결국 후자의 내용을 어떻게 작성하느냐에 따라서 좋은 평가를 받느냐 혹은 그렇지 않느냐가 결정된다고 할 수 있습니다. 그렇다면 이제는 마케터로서 홍길동의 성장배경을 작성하기 위해서 고민해야 할 몇 가지 요소가 있습니다.

마케터로서 진로나 직무를 결정하게 된 배경이나 계기, 마케터로서 역량을 향상하기 위해 노력을 기울였던 경험, 마케터로서 꿈을 꾸는 과정에서 도움을 주었던 역할 모델 등을 중심으로 해서 내용을 전개해 나가거나 구성해야 합니다.

> **지원자의 성장과정 및 개인 특성을 작성해 주시기 바랍니다.**

고등학생 때 선발된 ○○장학회의 이사장이신 ○○○ 원장님은 본인의 재능을 이용한 무료봉사 활동으로 사람들에게 도움을 주셨습니다. 국내 ○○도, ○○도와 동남아시아의 여러 나라 등 국내외 주민들을 위해 봉사활동을 하셨고, 저도 적극적으로 동참했습니다. 동남아시아 봉사 당시 이사장님께서는 장학생들에게 '본인의 재능과 능력을 갈고닦아 그것이 필요한 사람들에게 나누는 사람이 되어 보라'는 말씀을 하셨습니다. 그 말씀은 제게 '재능기부'라는 중요한 가치를 알려주셨고, 그것의 실천으로 다음과 같은 활동을 했습니다.

첫째, 방과 후 멘토링을 통해 고등학교에서 6개월간 수학 멘토로서 활동했습니다. 단순한 가르침보다는 학생들의 고민과 해결점을 찾아가는 노력으로 함께 호흡했습니다. 그 결과 질문에 인색한 학생들의 수업 참여도를 높이며 열정적인 멘토라는 평가를 받았습니다.

둘째, 인도네시아 글로벌 캡스톤 디자인 활동을 하면서 전공역량을 주민의 생활을 개선하는 데 사용했습니다. 본인의 땅이 없는 소작농에게 본인의 작물을 재배할 수 있는 기쁨을 주고자 했습니다. 설계아카데미 교육을 통해 배운 문제점 찾기, 분석, 솔루션 도출, 설계, 생산의 지식과 Pro-E를 활용해 계단식 3층 화단을 설계하고 제작했습니다. 이러한 재능기부 활동을 하면서도 대상의 니즈를 파악하고, 전공지식 활용의 실무적 역량을 키웠습니다.

재능과 능력을 키우고 그것을 나누어 사람들에게 도움이 되고자 하는 것은 저의 꿈이고 이는 ○○○○의 ○○사업부에서 누군가에게 꼭 필요한 제품을 생산하겠다는 것으로 이어졌습니다. ○○사업부의 생산 공정 엔지니어의 역할을 배우며 고객이 요구하는 전지의 생산을 향상하는 능력을 키울 것입니다. 이후, 공정 엔지니어의 능력을 공유할 수 있는 든든한 선임사원으로서 전지사업부의 생산 역량 향상에 기여할 것입니다.

정 대표

위 사례는 성장배경을 작성하고자 하는 취업준비생들에게 아주 좋은 모범사례라고 할 수 있겠습니다. 왜냐하면 본인의 성장 과정에서 영향을 미쳤던 역할 모델을 명확히 이야기해 주면서 그로부터 배우고 깨달았던 부분에 대해서 실천까지 이어지기 때문입니다. 위 사례의 주인공은 생산 공정 엔지니어를 꿈꾸고 있습니다. 직무의 특성상 생산 공정 엔지니어는 다양한 역할을 수행해야 하는 멀티플레이어 역량을 요구합니다. 그래서 위 사례의 주인공은 직무 현장에서의 소통과 대인관계능력을 향상시키기 위하여 실제로 수학 멘토로서 역할을 수행했고, 생산 공정 엔지니어링 전문가로 성장하기 위하여 글로벌 캡스톤 디자인 프로젝트까지 수행하였습니다. 이러한 전개 방식과 노력에 대한 구체적인 기술 방법은 매우 훌륭하다고 할 수 있습니다.

3-3) 인생의 가치관

이 대표

취업을 준비하면서 본인의 가치관이나 인생관을 정리해 보는 것도 좋은 취업전략 중 하나라고 생각합니다. 왜냐하면 본인의 가치관이 어떻게 형성되었느냐에 따라서 직무 선택의 방향성이 달라질 수 있고 성격의 장·단점 등에도 영향을 미칠 수 있기 때문입니다.

이 교수

네, 맞습니다. 잘 형성된 인생의 가치관을 직무 선택이나 진로 탐색 등에 긍정적으로 활용해야 하는 것은 매우 중요한 사항입니다. 직무마다 직무에서 요구하는 직무상과 태도, 가치관이 있다고 말씀드렸습니다. 본인의 가치관을 직무상과 연계하여 좋은 방향으로 어필한다면 그보다 더 좋은 직무 선택 동기도 없을 것입니다.

이 대표

맞습니다. 그런데 다만 아쉬운 부분은 많은 취업준비생이 작성한 인생의 가치관 부분의 내용을 살펴보면 단순히 본인의 가치관이나 생각 등을 나열하고 기술하는 것에서 끝나는 것이 대부분입니다. 나아가 직무 선택, 직무 포부까지 연계하여 본인의 가치관을 어떻게 활용할 것인지에 대한 방향성까지 보여주어야 합니다.

> 본인의 가치관을 기술하고, 해당 직무에 어떻게 기여할지에 대한 방향성을 제시하시오.

저는 혼자일 때 빛나는 사람보다는 함께할 때 가치 있는 사람이 되고 싶습니다. 이는 제가 어렸던 시절부터 배워왔던 가정 교육의 일환이자 제가 성장해 나가는 과정에서 스스로 깨우친 인생의 가치라고 할 수 있기 때문에, 저에게는 더욱 소중한 인생관이라고 할 수 있습니다.

영국 교환학생 때 시장조사론 수업을 수강하고, 관련 프로젝트를 수행하면서 시장 분석능력과 소비자 및 시장 침투 전략 수립을 경험하였습니다. 때로는 수업의 난이도가 높아서 기본적인 내용에 대한 이해도 어려운 적이 있었으나 최선의 노력을 실천함으로써 장애물을 극복하기도 하였습니다. 또한 소속 대학교에서 개최한 대학생 마케팅 경연대회에 참가하였습니다. 글로벌 생활용품 브랜드를 컨셉으로 하여 신규 시장을 발굴하고 마케팅하는 내용이었습니다. 구글 등을 활용하여 빅 데이터 분석 등을 실시하여 기초 상황을 분석하고 방향성을 수립하는 데 활용하였습니다. 방대한 양의 정보에서 소비자 선정과 시장 진입 시기 등에 대한 목표를 수립할 수 있었고, 목표 소비자 및 경쟁사 상황 등을 꼼꼼히 분석하였습니다. 그 결과 가상수익과 영업이익률에서 두드러진 예측 성과를 거둘 수 있었고, 10개 팀 중 2등이라는 우수한 성과를 얻을 수 있었습니다. 이는 비단 저 혼자만의 개인 역량으로 이룬 성과라고 할 수 없습니다. 어린 시절부터 형성되어온 저의 인생관에 비추어 팀이라는 울타리 안에서 팀원 모두가 본인의 역할에 최선을 다했고 역량을 발휘하기 위하여 노력했기 때문입니다. 데이터 분석, 인사이트 도출, 시장 및 고객 발굴 등의 직무는 직무 담당자 혼자만의 개인기로는 절대 할 수 없는 협업 직무의 꼭짓점이라고 할 수 있습니다. 그렇기에 저는 어디서든 묵묵히 자신의 역할을 수행하며 조직의 발전에 기여하기 위한 노력을 게을리하지 않을 것입니다.

이 교수: 이 자기소개서의 사례를 보면 다른 자기소개서와 큰 차별성은 없어 보입니다. 다만 핵심적인 사항에서 무릎을 치게 만드는 접근 방법을 구사하였는데요, 바로 이 부분입니다. '저는 혼자일 때 빛나는 사람보다는 함께할 때 가치 있는 사람이 되고 싶습니다. 이는 제가 어렸던 시절부터 배워왔던 가정 교육의 일환이자 제가 성장해 나가는 과정에서 스스로 깨우친 인생의 가치라고 할 수 있기 때문에, 저에게는 더욱 소중한 인생관이라고 할 수 있습니다.' 왜냐하면 글의 첫 부분에서부터 '나는 이런 사람이고, 이런 가치관을 지니고 있다.'라고 제시를 한 후 글을 이어나는 접근 방법을 선택했기 때문입니다. 그러나 정작 중요한 접근은 바로 그다음입니다. 많은 자기소개서를 봤지만 보통 글의 첫 부분에서 자신을 설명하는 방법을 선택하는 자기소개서의 경우 '상투적인 인사말'에서 끝나는 경우가 많았습니다. 하지만 위 자기소개서는 자신의 경험 측면에서의 구체적인 사례를 언급하여 주었고 나아가 직무 역량을 활용하여 어떻게 기여할 것인가에 대한 포부까지도 언급해 주고 있습니다.

정 대표: 네, 저도 같은 관점에서 생각해 보았습니다. 글을 읽으면서 궁금하기도 했습니다. '과연 누구나 표현할 수 있는 멘트성 발언에서 끝나면 어떻게 하지?'라는 우려와 함께 정독을 했습니다. 하지만 제 우려는 결국 기우였었습니다. 매우 잘 쓴 사례라는 판단과 함께 매우 높은 감명을 받았습니다.

이 대표: 정작 중요한 사항은 가치, 관념, 생각 등을 기술할 경우에는 절대 누구나 할 수 있는 멘트 위주의 표면적인 문장 나열보다는 사례를 곁들인 후 분명하고 설득력 있는 계획, 준비, 각오 등을 제시해 주어야 합니다.

3-4) 지원동기

이 교수

누구나 본인이 원하는 회사에서 적성에 맞는 일을 하기를 원합니다. 단순히 의지만 있다면 막연한 생각에 그치고 의지가 확고하다면 그것이 바로 '동기'라고 할 수 있습니다. 하지만 많은 취업준비생은 지원동기를 이야기할 때 막연한 생각만 나열하는 경우가 많이 있습니다. 회사에서 자기소개서에 지원동기를 묻는 이유는 얼마만큼 우리 회사에 입사를 하고 싶은 '의지'가 있는지를 확인하고자 함이며, 그 의지가 나를 얼마만큼 이끌었는지에 대한 동기를 확인하고자 함입니다. 그럼에도 불구하고 막연한 생각만을 이야기한다면 그것은 어울리지 않는 답변이라고 할 수 있습니다.

이 대표

사실 저는 자기소개서 문항 중 지원동기가 제일 중요하다고 생각하고 그만큼 답변하기 까다로운 문항이라고 생각합니다. 왜냐하면 가장 차별성을 요구하는 문항이기도 하면서 나만의 의지를 충분히 담아서 다른 사람을 설득해야 하는 전략까지 펼쳐야 하기 때문입니다. 지원동기를 아주 잘 준비해서 답변을 잘하면 그만큼 합격할 확률이 높아지기도 합니다. 그만큼 비중 있는 질문입니다.

정 대표

맞습니다. 지원동기는 자기소개서이건 면접이건 구분 없이 십중팔구 출제되는 문항이라고 보시면 됩니다. 저도 매우 중요하게 생각하는 문항이기도 합니다. 이전에는 '우리 회사에 왜 지원하였는가?' 혹은 '우리 회사에 입사하고 싶은 이유가 무엇입니까?'와 같이 회사에 관한 지원동기만을 질문했다면 최근 동향을 보면 지원동기는 크게 2가지로 나뉜다고 할 수 있습니다. 하나는 직무와 관련한 동기이며 다른 하나는 회사와 관련한 동기입니다. 우선 2가지 질문 모두 철저한 사전 조사가 선행되어야 합니다. 그렇지 않으면 두루뭉술한 답변밖에 할 수 없습니다. 그렇기 때문에 직무와 관련된 철저한 조사와 분석이 요구되고 지원 회사와 관련된 기업 조사가 필수사항이라고 할 수 있습니다.

이 교수

네 맞습니다. 직무와 관련된 지원동기는 단순히 '하고 싶다.'라는 막연한 뉘앙스를 전달하는 것이 아니라 '내가 왜 이 직무에 최적임자인가?'에 대한 현실적인 답변을 제시해 줘야 합니다. 그렇게 하기 위해서는 우선 직무에서 요구하는 직무 역량이 무엇인지 철저하게 파악을 해야 합니다. 직무 역량에 내가 얼마만큼 부합하는지에 대한 객관적이고 설득력 있는 근거를 제시해 줘야 합니다. 가령 '데이터 분석 역량'이 요구되는 직무라고 가정할 때 통계 프로그램 등을 활용하여 프로젝트 등을 수행했던 경험이나 본인이 보유한 기술역량 등을 제시해 주는 것이 올바른 답변 제시 방향이라고 할 수 있습니다. 하지만 많은 취업준비생은 '데이터 분석을 할 수 있다.' 정도의 수준에서 답변을 하고 있기 때문에 설득력을 얻기 어려운 경우가 많이 있습니다. 우선 직무와 관련된 사전 조사는 2가지 경로를 통해서 할 수 있습니다. 첫 번째는 NCS에서 제공하는 직무와 관련된 지식, 기술, 태도 등을 파악하는 것입니다. 앞서 언급한 대로 NCS에는 각 직무와 관련된 지식, 기술, 태도 등을 객관적이고 표준화된 상태로 제공해 주고 있습니다. 그렇기 때문에 그만큼 신뢰가 있다고 할 수 있습니다.

능력단위 요소		수행준거
핀테크 핵심 기능 구현하기		1.1 핵심기능 설계문서를 바탕으로 개발환경을 설정할 수 있다. 1.2 핵심기능을 위한 모듈별 입출력 데이터를 구현할 수 있다. 1.3 핵심기능을 위한 알고리즘을 구현할 수 있다. 1.4 인터페이스 설계를 만족하는 핵심 모듈별 동작을 구현할 수 있다.
	지식	• 핀테크 기술 이해 • 사용자 요구사항 분석 방법 • 핀테크 인프라 이해 • 자료구조 및 알고리즘 • 핀테크 개발 환경 이해
	기술	• 핀테크 기술 동향 분석 능력 • 핀테크 개발 환경 구축 능력 • 프로그램 언어 활용 능력 • 핀테크 시스템 설계서 분석 능력 • 형상관리 도구 활용 능력 • 협업도구 활용 능력
	태도	• 오류에 빠르게 대처하고 창의적으로 해결하려는 자세 • 성공적인 개발을 완수하고자 하는 책임감 있는 자세 • 개발 팀원 간 원활한 협업을 추구하는 태도 • 개발에 필요한 새로운 지식·기술을 적극적으로 습득하려는 태도

출처: NCS.

위의 사례는 NCS(https://www.ncs.go.kr)에서 제공하고 있는 핀테크 기능 구현과 관련된 사항입니다. 능력단위요소로 구분되는 세부 직무의 수행 준거를 나타내고 있음으로써 직무 목표를 명확히 하고 있습니다. 취업준비생은 각 직무에서 목표로 하는 사항이 무엇인지에 대한 내용 인지도 명확히 한 후 지원동기를 작성해야 합니다. 그 후 각 직무의 목표를 달성하기 위해 필요한 지식, 기술, 태도가 무엇인지 조사하고 분석을 해야 하는데 가령 위의 사례를 살펴보면 핀테크 기능 구현 직무 중 '핀테크 핵심 기능 구현하기'와 관련한 사항입니다. 이 세부 직무를 수행하기 위해서는 5가지의 지식이 대표적으로 요구된다고 정리되어 있습니다(핀테크 기술 이해, 사용자 요구사항 분석 방법, 핀테크 인프라 이해, 자료구조 및 알고리즘, 핀테크 개발 환경 이해). 그리고 요구 기술 또한 6가지로 정리되어 있습니다(핀테크 기술 동향 분석 능력, 핀테크 개발 환경 구축 능력, 프로그램 언어 활용 능력, 핀테크 시스템 설계서 분석 능력, 형상 관리 도구 활용 능력, 협업 도구 활용 능력). 이렇게 정리된 각 요구 지식과 기술에 내가 얼마나 해당하는지 혹은 얼마만큼 수행할 수 있는 경험과 역량을 지니고 있는지에 대해서 근거나 사례를 들어가면서 이야기를 해줘야 합니다. 한가지 예로 들어 핀테크 기술 동향 분석 능력을 언급하고자 한다면 SWOT(강점, 약점, 기회, 위기) 분석방법론을 활용한 내·외부 환경 분석을 할 수 있고 핀테크(금융기술)와 관련된 개념 정의를 명확히 할 수 있으며 유명 보고서 등의 분석을 통해서 핀테크의 주요 핵심 기술과 최근 기술과 관련된 내용을 분석하여 인지하고 있음을 이야기할 수 있을 것입니다. 또한 실제로 핀테크와 관련된 나의 경험이나 사례 분석 등의 이야기도 해주면 더욱 효과적이라고 할 수 있습니다.

> 본인이 지원한 직무와 관련하여 어떤 역량을 보유했는가에 대해서 기술하여 주십시오.

제품을 생산하거나 서비스를 만들어 좋은 품질의 가치를 제공하고자 하는 마음에 정확도 높은 수요예측을 통해서 고객을 예측하고 시장을 분석하며, 다양성 있는 방안을 마련한다면 더할 나위 없이 좋은 경영 상황이라고 할 수 있습니다. 하지만 여러 가지 현실적인 이유로 인해서 많은 사람이 바라는 이상향의 현실을 조성하기에는 어려움이 따르는 것이 사실입니다.

저는 대학생 3학년 때 핀테크 관련 아이디어를 바탕으로 창업을 했던 경험이 있습니다. 한때 간편결제 등의 신기술이 각광받던 시절이 있었고, 이는 많은 사용자에게 현실성 있는 가치를 제공해 주었다고 생각합니다. 이렇듯 단순한 기술적 접근이 아닌 현실적 가치를 제공하기 위하여 저희는 정확한 수요를 예측하고 사용자에게 특화된 맞춤형 금융서비스를 제공하는 핀테크 기술을 고안하였고 개발을 시도하였습니다. 파이썬 등의 프로그래밍 언어를 적극 활용하여 데이터 수집 및 정규화 등의 전처리, 데이터 분석 및 해석, 머신러닝 알고리즘 설계 및 개발 등의 과정을 거쳐 예측 시스템을 구축하였고, 이를 직접 테스트하면서 많은 가치를 실현할 수 있었습니다. 이전부터 컴퓨터 언어 프로그래밍을 통해 수요를 예측하는 실험과 실습을 많이 해보았기 때문에 큰 어려움은 없었습니다만, 시장성에 대한 구체적인 전략 수립에서의 경험이 부족했기 때문에 어떤 타이밍에 어떤 전략으로 어떤 타깃(Target)을 목표로 시장에 진입하여야 할지 고민이 많기도 하였습니다. 이를 위해 실제 데이터 분석을 위해 사용되었던 다양한 금융 지표 및 분석 자료에 대해서 연구 및 분석하였고, 저희가 예측한 결과와 시장에서의 결과 간 얼마만큼의 차이가 발생하는가에 대해서 꾸준히 모니터링을 할 수 있었습니다. 끝으로 사용자들이 저희 서비스에 쉽게 접근하여 결과를 효과적으로 활용할 수 있도록 다양한 데이터 시각화 방법 등을 학습하여 제공하기도 하였습니다.

3 자기소개서 합격을 위한 고도화 전략

이 교수: 위 자기소개서 사례에 대해서 어떻게 보십니까?

이 대표: 엄밀하게 말해서 뭔가 다소 밋밋한 느낌을 지울 수가 없는 것 같습니다. 매우 자연스럽게 읽히면서도 다소 중추적인 내용, 즉 핵심적인 포인트를 잡기가 어려운 사례인 것 같아서 다소 아쉽습니다. 특히 제가 다소 아쉽게 여기는 부분은 2가지 측면에서 이야기를 할 수 있을 것 같습니다. 첫 번째는 기술을 구현하는 과정이 조금은 더 기술적인 관점에서 이야기가 되고 타 기존 기술과 어떤 차이점과 공통점이 있는지에 대해서 현실적으로 제시를 해주었어야 더욱 효과적이라고 할 수 있을 것 같습니다. 두 번째는 제일 중요한 사항이라고 생각되는데요, 창업을 하고 난 이후의 성공과 실패에 대한 언급이 없다는 사항입니다. 많은 노력을 기울이고 고민을 하면서 사용자에게 좋은 서비스를 제공하자고 했던 흔적은 느껴지는데 이와 관련되어 시장에서 어떤 평가를 받았는지 혹은 어떤 부분이 아쉬웠는지에 대한 이야기가 없다 보니 객관적으로 내용을 파악하는 데 어려움이 있다고 할 수가 있겠습니다.

정 대표: 맞습니다. 모든 과정에는 결과가 언급되어야 객관적으로 판단을 할 수가 있고 신뢰가 있는 내용을 전달할 수가 있습니다.

> 지원직무에서 요구하는 역량에 대해서 본인이 얼 만큼 부합하는지 기술하시오.

2022년 3월부터 1년가량 ○○○ 코리아에서 마케팅 부서 인턴으로서 많은 가치를 느낄 수 있었습니다. 인턴으로서 SNS 및 홈페이지 관리와 같은 기본업무에서부터 광고 판매팀과의 협업, 대외 홍보팀과의 TFT(Task Force Team) 구성을 통한 홍보 프로젝트 수행, 유튜브 및 TV 등 ATL (Above The Line) 광고를 위한 전략 방안 도출 등의 업무를 수행할 수 있었습니다. 제가 속한 ○○○ 코리아의 마케팅 전략은 기존 고객에 대한 충성심을 더욱 유도하고 Lock-in 할 수 있는 전략을 펼치는 것에만 한정된다는 느낌을 받았습니다. 하지만 이후 단조로웠던 홍보 및 마케팅 채널을 전방위적으로 리모델링하였고, MZ세대 등 신규 고객 등을 대상으로 공격적이고 합리적인 마케팅을 시도하였습니다. 또한 기존 마케팅이 '제공'이라는 측면에서 소비자의 마음을 움직이는 활동이었다면 저는 '나눔'이라는 가치를 실현하고자 다양한 노력을 기울였습니다. 이를 위해 창의적인 마음으로 문제를 해결하려고 하였고 성공적인 마케팅 전략을 수행하고자 하는 자세를 끝까지 견지하였습니다. 그리고 함께 일하는 선배님들과 시너지 효과를 창출하기 위해서 제 역량을 다하였습니다.

학창 시절 저는 마케팅 플랫폼을 직접 만들어 본 경험이 있기 때문에 큰 어려움은 없었습니다. 제가 고안한 마케팅 플랫폼은 B2B, B2C 마케팅이 모두 가능한 하이브리드형 플랫폼이었는데, 고객들의 유입량과 시기에 따라서 어느 타이밍에 Push 및 Pop-up 등의 광고 정보를 보내는지에 대한 정확한 예측을 하는 모델이었으며, 실제로 기대 실적 대비 약 75%에 달하는 실질 성과를 창출할 수 있었습니다.

자기소개서 합격을 위한 고도화 전략

정 대표
정말 잘 쓴 사례라고 생각이 듭니다. 구체적으로 살펴보면 위 자기소개서는 본인이 해당 직무 중 실제로 경험한 부분에 대해서 언급하고 있습니다. 인턴십을 통해서 실제로 경험한 업무가 어떠했는지에 대한 구체적인 사례를 들고 있다는 점도 이상적입니다. 그리고 무엇보다 단순한 립서비스나 멘트 나열에 머무는 것이 아니라 구체적인 수행 직무를 언급해 줌으로써 사실을 증명하기에 부족함이 없다는 생각이 듭니다. 인턴십을 수행하면서 경험한 일을 사실적으로 기술한 것도 훌륭한데 거기에 더해서 본인의 학창 시절 마케팅과 관련하여 경험한 프로젝트와 관련된 사항도 언급을 해주고 있으니 더욱 인상적이라고 할 수 있습니다. 앞서서도 언급한 바와 같이 프로젝트를 했으면 '어떤 성격의 프로젝트인지?' 그리고 '프로젝트의 결과는 어떠했는지?'에 대한 언급이 반드시 기술되어야 하며 숫자 사용은 읽는 이들에게 신뢰를 구축하는 데 더욱 효과적이라고 말씀드렸습니다.

이 대표
네, 저도 같은 느낌을 받았습니다. 그리고 한가지 첨언을 하자면 저 글의 말미에 '내가 이러이러한 역량과 경험을 지니고 있으니 앞으로 어떤 포부와 성장계획을 지니고 있다.' 정도의 언급을 해주었다면 더욱 좋지 않았을까 하는 생각을 함께 해보았습니다.

이 교수
그리고 다른 한 가지 경로는 내가 지원한 직무와 관련된 과거 채용 공고를 살펴보는 것입니다. 과거 채용 공고를 통해서 해당 직무에서 요구하는 '지원 자격' 등을 수집하고 분석하면 그 직무에서 중요하게 여기는 직무 역량이 무엇인지 직접 파악할 수 있습니다.

직무 : 마케팅	
세부 직무 내용	• 마케팅 및 PR 관련 커뮤니케이션 수행 • 관련 업체와의 파트너십 체결 기획 및 수행 • ATL(Above The Line) / BTL(Below The Line) 마케팅 관리 • 고객 행사 기획 및 실행 관리 • 분기별/월별/주별 마케팅 운영 계획 수립 및 성과관리
필수 자격 요건	• 영어 능력 상급자(영어 행사 기획 가능 수준) • 마케팅 및 경영 관련 전공지식 보유자 • 럭셔리/브랜드 마케팅 기획 및 관리 업무 수행 가능자 • 고객 행사 기획 및 운영 경험자 • 분기별/월별/주변 마케팅 실적 및 영업 성과관리 가능자 • SNS 채널/홈페이지/온라인/오프라인 마케팅 채널 운영 및 관리 가능자 • 마케팅 커뮤니케이션 능통자
우대 사항	• 마케팅 프로젝트 및 인턴십 경험자 우대 • 영문 및 국문 문서 작성 능력 우수자 우대 • 해외여행 결격 사유가 없는 자 우대

위 마케팅 직무와 관련 채용 공고를 살펴보면 많은 정보를 얻을 수 있습니다. 먼저 세부 직무로써 마케팅과 관련된 전반적인 업무를 수행함에 따라 세분화된 직무의 유형을 먼저 파악할 수 있습니다. 위 채용 공고에서는 총 5가지의 직무로 유형을 구분한 것을 알 수 있습니다[마케팅 및 PR 관련 커뮤니케이션 수행, 관련 업체와의 파트너십 체결 기획 및 수행, ATL(Above The Line) / BTL(Below The Line) 마케팅 관리, 고객 행사 기획 및 실행 관리, 분기별/월별/주별 마케팅 운영계획 수립 및 성과관리]. 그리고 이러한 직무를 능히 수행하는 데 필요한 필수 자격 요건을 제시해 주고 있습니다. 그렇다면 우리 취업준비생들은 여기까지 많은 정보를 얻었으니 이제

구체적으로 본인을 어필할 필요성이 있습니다. 가령 각각의 직무를 수행하는 데 있어 본인이 최적의 지원자임을 강조하면서 해당 직무와 관련되어 어떤 경험을 했고 어느 정도의 전문성을 어느 수준으로 지니고 있는지에 대한 구체적인 사례를 들어가며 제시해 주어야 합니다.

이 대표

이와 관련하여 제가 준비한 자기소개서를 하나 소개하고자 합니다.

> **지원직무와 관련하여 본인의 역량이나 전문성을 기술하시오.**
>
> 네트워크 및 서버, 솔루션 분야의 기술영업 직무에서는 다양성을 매우 중요하게 여깁니다. 성장성이 기대되는 중요 역량을 바탕으로 다양성이 융합된 역량을 발판삼아 'T' 인재로 성장하고자 하는 직무 포부가 있습니다. 현재 국내 대부분의 네트워크 사업은 공공 통합망 구축 등의 사업이 국내에 대부분 머물다 보니 해외 사업을 펼치기에 경험이나 현지 환경이 녹록지 않은 상황입니다. 하지만 ○○○의 Network 최적화 및 통합 솔루션 기술은 국내·외를 불문하고 글로벌 측면에서 많은 수요가 존재합니다. ○○○에서 요구하는 기술영업 직무에서는 고객사와의 협업을 통한 프로젝트 수주, 신규사업 다각화를 통한 시장 개척, 유지보수, 솔루션 제공, 솔루션 기획, 영업관리 등 많은 세부 직무를 운용하는 만큼 저와 같이 다양성 있고 노력하는 구성원이 반드시 기여할 것으로 판단됩니다. 기술영업 전문가로 성장하기 위한 토대를 마련하고자 160시간의 직무전문 교육을 ○○○에서 이수하였고, 동남아시아 소재 기업의 한국지사에서 기술영업부서의 인턴십을 수행했습니다. 네트워크 및 솔루션 업체는 대부분 B2B 시장에서 사업을 영위하기 때문에 일반 고객들에게 노출되거나 일반 고객의 충성심을 바라기에는 한계가 있습니다. 그러므로 오로지 기술역량을 중심으로 다양한 영업 전략을 펼쳐나가야 한다고 생각합니다. 그래서 저의 실전 경험과 깨달음이 더욱 소중한 가치를 지니고 있으며 활용성이 많다고 생각합니다. 기술기획과 전략 수립, 기술 연구 개발, 테스팅 및 QC, 디자인 및 컨셉 개발 등을 통해 기술개발의 파이프라인 및 프로세

> 스에 대해서 면밀한 관찰이 가능하였고, 이는 기술영업 전문가를 꿈꾸는 저에게 또 하나의 발전요소를 깨닫게 해주었습니다.

제가 소개한 자기소개서의 컨셉은 '실무경험'이라고 할 수 있습니다. 기술영업과 관련되어 이론적으로 어떤 내용을 학습하였고 전공과목 등을 통해 어떠한 전문성을 향상시켰는가에 대한 사항은 언급되어 있지 않습니다. 다만 인턴십과 조사분석 등을 통해 수집되고 알게 된 사항들을 위주로 내용을 전개해 나가고 있는 점이 인상적이라고 할 수 있습니다. 특히 기술영업이라는 직무는 역동적이고 다양성 있는 멀티플레이어 인재를 선호하는 특징이 있습니다. 그러나 단순히 이러한 특징을 지닌 것만으로는 한계가 있으며 '기술역량과 지식'이라는 부분에서 전문가 수준의 소양을 반드시 지녀야 하는데 위 자기소개서의 내용을 살펴보면 이러한 부분을 인턴십에서 보고 깨달은 내용으로 보완하고 있음을 알 수 있습니다. 이처럼 학생 수준에서 그리고 인턴십과 같은 예비 사회인의 관점에서의 깨달음과 경험 등은 아직 깊이 있는 직무를 수행하거나 괄목할 만한 성과를 창출하기에는 무리가 있지만 다양한 깨달음과 가치를 얻기에는 충분하다고 판단됩니다.

저도 꽤나 인상 깊었던 부분이 있습니다. 바로 '실전형 인재'라는 느낌을 강하게 받았습니다. 이론과 전공지식으로 무장된 인재가 아닌 실전에서 성장한 인재로서의 활용성을 다양하게 언급해 줌으로써 읽는 이로 하여금 확신을 갖게 해주며 활용성에 대해서 고민하게 해주는 전략을 구사한다고 생각했습니다.

저는 약간 다른 측면에서 바라보았습니다. '과연 인턴십에서 보고들은 것만으로 기술영업 직무에서 요구하는 다양한 자격 요건을 대부분 충족시킬 수 있을까?'와 관련한 질문에서 한참을 머물렀습니다. 보다 정교한 구성을 한다면 위 자기소개서에 큰 관점에서의 네트워크, 솔루션 관련 기술영업 전문가가 아닌 세부 단위의 기술영업 전문가로서의 포부를 나타냈어야 합니다. 어떤 네트워크인지 혹은 어떤 솔루션인지에 대한 언급이 없기 때문에 다소 두루뭉술한 내용에 머물 위험성도 함께 내포한다고 할 수 있습니다.

아울러 굳이 해당 직무와 직접적으로 연결되는 내용만 기술할 필요는 없습니다. 해당 직무와 다소 거리가 있는 간접적인 내용이라고 할지라도 해당 직무 역량에 도움이 되는 내용이라면 충분히 가치 있는 내용이라고 할 수 있습니다. 예를 들어 '관련 업체와의 파트너십 체결 기획 및 수행'이라는 직무에 대해서 기술하고자 한다면 무조건 마케팅과 관련된 업체와의 파트너십 체결 기획 및 수행만을 언급할 필요는 없습니다. 취업준비생이 경험한 다수의 업체나 조직을 언급해도 되며 이들과의 파트너십이 굳이 아니더라도 이들과의 관계 형성을 어떻게 했는지에 대한 구체성이 가미된다면 충분하다고 생각됩니다. 마케팅 직무는 아니지만 제가 언급한 내용과 체계가 유사한 사항의 사례를 한번 살펴보시죠.

> 📌 해당 직무와 연계하여 본인의 경험을 기술하여 주십시오.

2023년 1학기에 저는 한 중견기업의 기획팀에서 단기 직무를 경험한 적이 있습니다. 당시 해당 기업은 신규사업을 발굴하고 새로운 고객처를 확보하고자 하는 것에 매우 심혈을 기울이고 있는 상황이었습니다. 이러한 상황에서 저는 다양한 연구보고서 및 리서치 자료를 수집하고 분석하면서 의미 있는 보고서를 작성하는 등의 역할을 수행하였습니다. 제가 담당했던 직무를 능숙하고 유연하게 수행하기 위해서는 산업 내에서 발생하는 이슈를 파악, 분석하고 이를 우리 회사 및 조직에 대입하여 어떤 해결책을 강구할 것인가를 생각해야 합니다. 그리고 경쟁사의 잘하는 점과 부족한 점 등을 적극적으로 벤치마킹하여 균형 잡힌 시각으로 배움과 학습에 대한 노력을 게을리하지 않아야 합니다. 저는 경영·전략·기획·재무·기업과 관련된 전공과목을 50학점가량 이수하였고, 관련된 학회 활동을 약 3년간 수행하면서 4편의 소논문과 3편의 연구보고서 등을 작성하여 교내·외 학회에 발표했던 경험이 있습니다.

이러한 기초 전문성을 바탕으로 저는 보고서 기획 및 작성 부분에서 두각을 나타내며 인정을 받았고 단순 보고서가 아닌 제안서 작성에 참여하는 역할까지 수행하였습니다. 이 과정에서 기존 분석방법론의 오적용으로 인한 데이터 해석 및 관련 인사이트 도출의 에러를 발견하였고 소통을 통해 이를 개선해 나가는 주인의식과 소명의식을 발휘하였습니다. 이처럼 실전경험과 기초 전문성을 두루 갖춘 저는 ○○○○에서 저의 역량을 발휘하여 높은 경쟁력을 발휘하고 소중한 가치 및 활용성을 발휘하고 싶습니다. 아울러 경영관리 직무에서 요구하는 기획력과 관리역량을 두루 살피고 성장시켜 최적화되고 조직 맞춤형의 경영관리 체계가 운영될 수 있도록 밀알의 역할을 수행하도록 하겠습니다.

이 교수

위 자기소개서는 이론과 실전경험을 두루 갖춘 인재라는 점을 적절히 강조하고 있습니다. 누구나 다 할 수 있는 립서비스나 멘트성 문장 나열은 찾아보기 힘들다고 판단되는 아주 효율이 높은 자기소개서 사례라는 생각이 듭니다. 경영관리 직무에서 요구하는 자격이나 요건 등을 다시 한번 언급하는 것을 최대한 지양하고 이와 관련된 본인의 직·간접적인 역량 성장과 관련된 사항을 중점적으로 이야기하고 있는 부분이 매우 인상적이라고 할 수 있습니다. 다만 조금 더 발전적인 자기소개서가 되기 위해서는 각각의 스토리를 언급할 때보다 구체적인 사례나 근거를 제시해주었다면 더욱 좋았을 것 같습니다.

네, 저도 대부분 이 교수님과 같은 생각입니다.

저도 매우 공감하는 부분입니다.

그리고 위 채용 공고에서 요구하는 필수 자격 요건을 다시 한번 살펴보면 크게는 마케팅 기획·운영·관리 업무에서 요구하는 직무 역량으로 구분할 수가 있습니다.

필수 자격 요건

- 영어 능력 상급자(영어 행사 기획 가능 수준)
- 마케팅 및 경영 관련 전공지식 보유자
- 럭셔리/브랜드 마케팅 기획 및 관리 업무 수행 가능자
- 고객 행사 기획 및 운영 경험자
- 분기별/월별/주변 마케팅 실적 및 영업 성과관리 가능자
- SNS 채널/홈페이지/온라인/오프라인 마케팅 채널 운영 및 관리 가능자
- 마케팅 커뮤니케이션 능통자

전반적으로 마케팅 직무 전반에 걸친 직무 역량을 요구하는 내용이라고 할 수 있습니다. 다행히 위와 같은 보기의 내용처럼 구체적이고 구분이 잘되어 제시된 사항에 대해서는 충분히 대응할 수 있습니다. 다만 중요한 건 그리고 잊지 말아야 할 사항으로는 많은 취업준비생께서는 해당 직무에 대해서 '할 수 있다' 혹은 '할 수 없다' 등 O, X 방식으로 접근하고 끝내는 경향이 있습니다. 예를 들자면 '마케팅 및 경영 관련 전공지식 보유자'라는 부분을 나와 연결하고 싶은 경우 '저는 다양한 마케팅 전공과 관련된 수업을 수강하였고 많은 경험을 통해 지식을 함양하였습니다.'라는 정도로 끝내는 경우가 많습니다. 하지만 중요한 것은 해당 자격 요건을 충족시키기 위해서 본인이 어떤 노력을 기울였고 그 노력의 결과로써 어느 정도 수준으로 해당 역량이나 자격을 발휘할 수 있는가와 관련된 사항을 분명하고도 자세하게 언급을 해줘야 한다는 점을 다시 강조합니다. 다양한 테크닉과 지식이 더해진다면 더할 나위 없이 좋은 사례라고 할 수 있습니다.

> 📝 지원 직무에서 요구하는 자격요건 중 본인이 가장 자신 있는 부분에 대해서 기술하시오.

최근 산업은 매우 다양 빠르게 변하고 있고 그에 따른 산출물 중 데이터는 매우 고귀한 가치를 지니고 있다고 생각합니다. 자동화, 로봇, 인공지능, 바이오 등 각종 미래 주력 산업의 중요성도 결국 데이터가 밑바탕이 되었기 때문이라고 생각합니다. 그렇기 때문에 데이터를 얼마나 잘 다루고 해석하느냐에 따라서 개인의 경쟁력 또한 달라진다고 자신합니다. 저는 E-마케팅과 관련하여 다양한 채널에서 고객 데이터를 수집·분석·해석한 경험이 있습니다. 마케팅은 고객의 니즈(Needs)에 맞춰 상품과 서비스를 제공하고 더 높은 부가가치를 제공하여 경영의 성과를 달성하는 일련의 과정으로써, 그 과정에서 데이터의 역할은 매우 큽니다. 저는 학술동아리 소속의 데이터 애널리스트로서 사업 기획과 관련된 다양한 프로젝트를 통해 고객·시장·산업·기술에 대한 분석력과 새로운 인사이트를 기반으로 한 기획력을 성장시킨 경험이 있습니다. SPSS, AMOS, EXCEL, R, PYTHON 등 각종 통계 프로그램을 능숙하게 다루면서 테크니컬한 역량을 충분히 보유하였고, 보고서 작성 및 커뮤니케이션 역량과 관련되어 수십 차례의 협업 경험이 있습니다. 아울러 대학생 데이터 분석 경진대회 참가 등에서의 수상경험 등을 토대로 하여 실전형 애널리스트로서 충분한 경쟁력을 갖추었다고 생각합니다. 이러한 기술 및 직무 역량을 바탕으로 플랫폼, 모바일, 웹 등 신규 채널을 통한 고객 유입을 다양성 있게 분석하고 관련 인사이트를 도출하여 더욱 정교한 수익 창출에 이바지하도록 하겠습니다. 이를 위해 저는 다음과 같은 다짐을 약속합니다.

첫째, 경쟁사를 벤치마킹하고 글로벌 선두 업체를 분석하여 제가 지원한 기업의 직무에 적용하도록 하겠습니다. 최근 새로운 고객층은 MZ세대 및 고령층을 중심으로 재편되고 있습니다. 향후 기업의 경쟁력은 이들 고객층과의 연계를 얼마나 강화하고 그들의 구매 욕구를 얼마나 자극하느냐에 달려있다고 해도 과언이 아닙니다. 그래서 저는 SNS, 플랫폼, 유튜브 등의 다양한 인프라를 활용하여 차별성 있는 데이터 콘텐츠를 생성하고 즉시 활용할 수 있는 인사이트를 도출해 내도록 하겠습니다.

둘째, 수익성 있는 고객 데이터를 활용하여 다양한 아이디어를 제시하도록 하겠습니다. 창업경진대회에 참가했던 당시 '쇼핑 앱 이용 형태와 앱 및 서비스 개선 방안 및 활용 전략'을 주제로 팀 프로젝트를 수행한 경험이 있습니다. 각종 데이터 및 정보를 제공해 주는 인터넷 서비스 업체 등의 자료를 통해 MZ 세대 및 고령층의 고객은 유입량은 높지만 구매로 이어지는 일련의 연결성이 약하다는 점을 발견할 수 있었습니다. 이를 해결하기 위해서 저는 총 3가지의 아이디어를 제시했던 경험이 있습니다.

저는 약속을 반드시 지키는 사람입니다. 데이터 애널리스트로서 그리고 데이터 인사이트 도출 전문가로서의 가치를 충분히 내포하고 있다고 생각합니다. 그렇기 때문에 저의 미래가 밝다고 생각하며 저의 기술역량과 기획력, 관리력, 분석력 또한 함께 빛을 발할 것으로 생각합니다.

 저의 피드백을 먼저 말씀드리고 싶네요. 왜냐하면 매우 색다른 느낌을 받았고 강한 자신감을 느꼈기 때문입니다. 최근 산업의 동향을 제시하고 본인의 생각을 이야기하며 다룰 수 있는 통계 프로그램을 통해 할 수 있는 사항들에 대해서도 자신 있게 이야기를 펼쳐나가고 있습니다. 그리고 무엇보다 인상적인 것은 '확신에 찬' 다짐 부분입니다. 누구나 다짐은 할 수 있습니다. 하지만 이 자기소개서에서 한 다짐은 의도된 작전이 숨겨져 있습니다. 바로 '차별성 있는 데이터 콘텐츠를 생성하고 즉시 활용할 수 있는 인사이트를 도출해 내도록 하겠습니다.' 부분과 '이를 해결하기 위해서 저는 총 3가지의 아이디어를 제시했던 경험이 있습니다.' 부분이라고 할 수 있습니다. 뜻깊게 읽지 않은 상태에서의 접근이라면 자기소개서를 쓰다 멈춘 것이라고 생각할 수 있습니다. 하지만 제가 판단할 때 해당 자기소개서는 면접에서의 추가 질문까지 염두에 둔 작전을 펼친 것이 아닐까 하는 생각을 해봅니다. '과연 저 3가지의 약속이 무엇인지?' 그리고 '차별성 있는 인사이트'가 무엇인지에 대한 궁금증을 유발하는데 충분했다고 판단합니다.

 맞습니다. 저도 읽으면서 과연 어떤 선물꾸러미를 제공하려고 하는지에 대해서 궁금했습니다. 위 자기소개서를 쓴 취업준비생은 평소 자기소개서에 대해서 많이 고민하고 면접도 많이 경험을 했다는 생각이 듭니다.

정 대표: 그리고 수집된 지원 자격과 지식, 기술, 태도 등을 종합해서 분석하면 해당 직무에서 요구하는 직무 역량이 도출되기 때문에 1차 정리가 된 것으로 가정한 후 직무 역량 중 내가 보유하거나 해당하는 부분이 어느 정도인지 객관적인 근거를 들어가며 제시해 줘야 합니다. 이게 바로 직무와 관련된 지원동기라고 할 수 있습니다.

이 교수: 여기까지 우리는 두 개의 지원동기 중 지원 직무와 관련된 지원동기를 살펴보았습니다. 결국 직무와 관련한 지원동기는 내가 최적임자라는 이유를 근거와 사례를 들어서 논리적으로 설득하는 것이 중요하다는 것에 대해서 우리 모두 공감하였습니다. 직무와 관련된 지원동기를 논의하면서 매우 다양한 사례를 살펴보았고 또 많은 부분에 대해서 이야기를 나누었습니다. 그렇다면 지금부터는 회사와 관련된 지원동기에 대해서 이야기를 나누어 보시죠.

정 대표: 저는 회사를 운영하는 대표의 입장에서 직원을 선발할 때 회사를 선택한 이유, 즉 회사 지원동기를 매번 질문하고 매우 중요하게 생각합니다. 그 이유는 회사를 선택한 이유가 무엇인지 그리고 어떤 관점에서 선택을 했는가에 따라 지원자의 각오와 행동, 신념이 변한다고 생각하기 때문입니다. 그리고 이러한 요소들은 결국 일을 잘하는 데 소중한 밑거름으로 활용되기도 합니다. 그래서 저는 개인적으로 매우 중요한 질문이라고 생각합니다.

이 대표: 저도 많은 자기소개서를 평가하고 면접위원으로 참여하면서 제일 중요하게 생각하는 질문이 바로 회사에 대한 지원동기입니다. 회사에서 직원을 채용할 때 회사에 대한 지원동기를 물어보는 이유는 무엇이라고 생각하십니까?

 많은 이유가 있습니다. 하지만 그중에서도 가장 중요한 것은 '많은 회사 중 어떤 이유와 가치로 우리 회사를 선택했는가?'에 대한 사항이라고 생각합니다. 예를 들어 IT산업만 살펴보더라도 정말 셀 수 없을 정도로 많은 기업이 있습니다. 그중 유명하고 규모가 있는 회사만 추려내더라도 수십 개의 회사가 있는데요, 이들 회사 중 '왜 우리 회사인가?'에 대한 평가자의 궁금증이 가장 큽니다.

 네, 맞습니다. 정리하면 '많고 많은 회사 중 왜 우리 회사인가?'로 정리할 수 있습니다. 저도 사실 제일 궁금한 사항입니다. '지원자가 생각하는 우리 회사의 장점은 무엇일까?' 혹은 '우리 회사의 매력과 가치가 무엇이길래 선택했나?' 등의 물음은 기업의 입장에서 매우 중요한 사항이라고 생각합니다.

우리 회사에 지원한 이유를 기술하시오.

　　○○○○는 한 산업이 아니라 ○○그룹의 전 계열사를 대상으로 비즈니스를 수행합니다. ○○그룹은 타 그룹과 달리 미디어/엔터, 생명과학, 식품 등 특색있는 계열사를 지니고 있기 때문에 사업을 운영하는 조직의 역량이 매우 다양하고 관련 노하우가 풍부하다고 생각합니다. 그렇기에 비즈니스 체인의 전 부문을 두루두루 다룰 수 있는 역량도 타 경쟁사에 비해서 뛰어나다고 평가받고 있습니다. 이 부분이 바로 ○○○○이 타 경쟁사와 차별화되는 특장점이며 외부로부터 호평받았던 인수합병 등을 통해서 더욱 성장하고자 하는 의지라고 생각합니다. 제가 평소 동경했던 기업의 이상적인 모습은 '가치의 확장성'입니다. 이러한 관점에서 ○○○○은 식품과 생명공학, 新유통, 엔터테인먼트, 미디어 등 다방면으로 미래가치가 뛰어나고, 타 기업이 쉽게 모방할 수 없는 경험이 필요한 산업영역에서 혁신을 선도한다고 생각합니다. 한두 개의 산업에서의 성과를 창출하는 것은 어떤 기업이든 시도해 봄 직한 과제이지만 이러한 ○○○○의 비즈니스 활동은 기대를 뛰어넘는 역할을 하고 있다고 판단하였습니다. 특히 SI산

업의 특성과 IT 플랫폼의 특성을 결합하여 클라우드, 보안, 인프라, 스마트 플랫폼, 빅 데이터 등 미래 중추산업을 이끄는 기술혁신역량은 개발자로서 도전해 볼 만한 용기를 주기에 충분하였고, Retail 산업과 IT서비스 산업의 합병을 통해 새로운 형태의 기업 모습을 보여준 부분은 구성원으로서 함께하고 싶은 동기를 부여해 주었기에 도전을 하게 되었습니다.

100점입니다. 제가 그동안 본 어떤 회사 지원동기 중 단연 최고라고 단언합니다. 정말 훌륭한 사례입니다. 그 이유는 다양한데 가장 인상적인 부분은 기업 조사가 매우 충실하게 이루어졌다는 부분입니다. 앞서 저희가 논의한 부분은 '왜 많고 많은 회사 중에 우리 회사를 선택했는가?'에 대한 명확한 답을 해야 한다는 것이 핵심이었습니다. 위 자기소개서는 이 질문에 대한 명확한 답을 제시하고 있음과 동시에 설득 논리까지 지니고 있다고 생각합니다. 이렇게 하기 위해서는 지원하고자 하는 회사에 대한 철저한 사전 조사가 이루어져야 합니다. 그렇지 않으면 경쟁사와의 차별성 즉, 회사에 대한 지원동기를 객관적으로 이야기할 수가 없습니다. 그렇기 때문에 위의 자기소개서와 같이 철저한 회사조사와 분석이 선행되어야 한다고 할 수 있습니다.

저도 100점을 주고 싶습니다. 이 대표님 말씀대로 회사 지원동기를 작성하는데 필요한 사항 중 절반은 회사와 관련된 조사 내용입니다. 단순히 조사에 그치지 않고 조사를 통해서 그 회사의 특장점을 발견하고 이러한 특장점이 나에게 어떠한 동기나 의지로 다가왔는지에 대한 사항을 반드시 언급해 주어야 합니다. 이것이 바로 회사에 대한 지원동기입니다.

 두 분의 말씀 잘 들었습니다. 정리하면 회사에 대한 지원동기를 잘 작성하기 위해서는 지원하고자 하는 회사에 대해서 광범위하게 그리고 철저하게 조사를 하고 이를 바탕으로 특장점을 발견한 후 나의 동기 부분에서 언급을 해주어야 한다는 점인데요, 관건은 타 경쟁사와의 비교를 통한 차별성 도출입니다. 이 부분은 같은 맥락에서 '다른 경쟁사와 비교했을 때 어떤 차별성을 지니고 있는가?'와 관련된 사항이라고 할 수 있습니다.

 본인이 회사를 선택하는 기준과 우리 회사가 그 기준에 부합하는 이유를 기술하시오.

최근 급격하게 변하는 기술의 흐름 속에서 인간과 근접하게 맞닿아 있는 기계의 특성상 경제적, 사회적 상황에 영향을 많이 받고 있습니다. 최근 본격적인 환경규제를 알리는 파리협약을 시작으로 그리고 중국과의 정치 외교적인 문제와 탄탄한 내수시장을 바탕으로 가파르게 성장하고 있는 중국 기업까지 가세하면서 한국신용평가 등에서 ○○○○○는 '지키기 위한' 힘든 싸움을 할 것이라 생각했습니다. 하지만 ○○○○○는 이러한 위기 속에서도 '수비'가 아닌 '공격'을 택했습니다. 이러한 위기와 끊임없는 견제 속에서도 오히려 R&D 투자를 늘려 친환경 분야 기술 선점과 아우토빌 품질조사 1위에 해당하는 품질 안전성을 구축하며 ○○○○○만의 기술력과 특색을 만들어 내고 있습니다. 이미 ○○○○○는 이 '도전 정신'을 이용해 IMF 외환위기에도 ○○○○와의 공통플랫폼을 구축하며 위기를 돌파한 적이 있고. 이를 통한 위기 돌파는 결국 ○○○○○를 한 단계 성장시키는 밑거름이 되었습니다. 또한 단순한 '공격'이 아닌 다가올 미래 산업의 주요 트렌드를 이해하고 이를 대비하기 위한 전략적 투자를 지속시켜 나가고 있습니다. 공격적인 투자 속에는 선행특허 확보를 강화하여 미래 기술 분야의 선점효과를 노리는 '전략'까지 포함된 '도전'인 것입니다. 위기 속에서 전략적이고 공격적인 개발 투자는 가까운 미래의 EURO6, 파리협약과 같은 환경규제 강화에 대처하고 자율주행과 Human Machine Interface 등 미래의 요구를 만족시킬 수 있는 '경쟁력'으로 나타날 것으로 확신합니다. 기술 개발 분야뿐만 아니라 높은 시장지

3 자기소개서 합격을 위한 고도화 전략

배력을 바탕으로 또 다른 고급 브랜드를 출시하는 등 산업의 선도자로서 세계를 이끌어갈 글로벌기업이 되기 위한 다양한 방면의 '공격' 또한 진행하고 있습니다. 이러한 ○○○○○의 혁신, 돌파, 선도 등 전략적 행동의 범주 안에서 저 또한 저의 사명과 소명을 다하기 위해서 오랜 시간 꿈꿔왔습니다.

위 자기소개서는 정말 모범적인 접근 방식을 선택했다고 평가하고 싶습니다. 본인이 지원한 회사에 대해서 철저한 조사를 바탕으로 타 경쟁사와의 차별성을 적극적으로 부각했고 또 그 회사가 속한 산업의 동향에 대한 사항을 객관적으로 제시해 줌으로써 환경 분석이 잘 되었다고 판단됩니다. 아울러 지원 회사를 선택한 이유와 컨셉을 '공격'으로 선정했는데 이 또한 매우 설득력이 있고 이를 토대로 글을 전개하는 방식 또한 매우 신선하다는 생각이 들었습니다.

이쯤 해서 우리가 다른 사례를 한번 살펴볼 필요가 생겼습니다. 지원동기라고 하면 많은 사례에서 다음과 같이 멘트 위주의 내용으로 작성하는 경우를 많이 보았습니다. 소위 말하는 '인사치레' 위주의 문장 나열이라고 보시면 이해하시기 수월하실 것 같은데요, 바로 다음과 같은 사례라고 할 수 있습니다.

> 💡 우리 회사에 지원한 이유를 기술하시오.
>
> 제가 지원한 동기는 기존 제 전공에서 얻은 풍부한 지식과 다양한 경험을 밑바탕으로 해서 귀사의 발전에 조금이나 기여하고자 도움이 되고, 저의 발전을 함께 도모하고자 하는 마음이 컸기에 지원을 하게 되었습니다. 평소 귀사를 동경하면서 귀사에 지원하게 됨을 굉장한 영광으로 생각하고 저 또한 최선의 노력을 다하도록 하겠습니다. 또한 귀사의 평소 이미지가 너무 좋게 느껴져 지원을 반드시 하고 싶었고 앞으로도 영원히 함께하고 싶습니다.

정 대표

제가 몇 마디로 정의할 수 있을 것 같습니다. 상투적, 누구나 할 수 있는 말, 평가에 전혀 영향을 미치지 않는 내용, 특별하지 않은 구성과 컨셉, 사례나 근거가 없는 무논리, 립서비스 위주의 인사 멘트로 정의하도록 하겠습니다.

이 대표

네, 맞습니다. 위와 같은 사례는 최대한 지양하는 것이 좋을 것 같습니다. 좋은 평가를 받기에는 내용이 너무 허술한 것 같습니다. 물론 읽기에 편하고 예의 바르고 정중하다는 점은 좋으나 '지원동기' 부분에서의 내용이 전혀 나타나지 않기 때문에 평가가 불가할 정도의 내용이라고 할 수 있습니다.

> 당사를 지원하게 된 이유에 대해서 기술하십시오.
>
> 대학교 4학년 시절, ○○공항 내 ○○항공 물류센터에서 일을 시작했습니다. 제 전공 분야이기도 하였기 때문에 더욱 관심을 기울였고 실전 업무를 배우는데 더 큰 보람과 가치를 느꼈습니다. 항공기를 이용한 복합운송과 수송 단계의 전환 기법 등을 통해 다양한 물류 기법을 몸소 체험한 저는 항공물류 분야를 본격적으로 연구하기

시작했던 시기이기도 합니다. 아울러 ○○항공에서 사회적 책임을 다하기 위한 노력의 일환으로 시작한 친환경 경영과 ESG 경영 등에 깊은 관심을 가지게 되었습니다. 특히 친환경 경영의 경우 항공물류 운영과 밀접한 관계가 있기 때문에 과거 녹색경영을 필두로 계속해서 명맥을 이어본 좋은 사례라고 할 수 있습니다. 최근 글로벌 물류 운영 환경에서는 IoT, 빅 데이터, 자동화, 최적화 등의 관련 기술이 주를 이루고 저비용, 저인력, 친환경 경영이 경쟁 요소의 화두입니다. 이를 통해 지속 가능한 성장을 할 수 있으며 글로벌 경쟁력을 확보할 수 있다고 생각합니다. 이 같은 상황에서 ○○항공이 추구하는 다양한 ESG 가치는 저에게 큰 감동과 동기를 주었고 제가 복합물류 전문가로서의 꿈을 품는데 큰 가치를 전해주었다고 자신합니다.

위 자기소개서의 작성자는 ○○항공에서 일하면서 보고 듣고 느낀 점을 소상히 기술하면서 지원동기를 작성하였습니다. 특히 ○○항공이 추구하는 친환경 및 ESG 경영 등에 관심을 갖게 된 계기를 동기로 승화시켰고, 최근 항공물류의 동향까지 살펴보는 내용까지 언급을 하였습니다. 이 부분이 바로 타 항공사와 비교했을 때 ○○항공이 지니는 특장점이라고 할 수 있습니다.

저는 보는 관점에 따라서 매우 잘 쓴 사례라고도 보일 수도 있고 혹은 그 반대로 평범한 사례로 보일 수 있다고 생각합니다. 하지만 중요한 사실은 위 자기소개서의 작성자가 항공물류 분야를 본격적으로 연구하기 시작한 시점에 물류센터에서의 경험을 자연스럽게 녹여냈다는 점 그리고 ○○항공 물류센터의 차별성 등을 사실적으로 기술한 점이 매우 인상적이라고 할 수 있습니다.

3-5) 성격의 장단점

이 대표

이 교수님과 정 대표님께 여쭙고자 합니다. 이 교수님과 정 대표님은 기업에서 인재를 채용할 때 왜 성격의 장단점을 묻는다고 생각하십니까?

정 대표

제가 생각할 때 '지원자가 직무에서 요구하는 태도나 가치관, 소양적인 부분에 얼마만큼 부합하는 성향을 지녔는가?'를 확인하기 위함이라고 생각합니다.

이 교수

저도 마찬가지입니다. 정 대표님께서 말씀하신 내용 그대로 동의하는 바이며 그렇기 때문에 많은 취업준비생이 해당 문항을 작성할 때 혼란을 겪곤 합니다.

이 대표

어떤 혼란을 말씀하시는 건가요?

이 교수

정 대표님의 말씀대로 기업에서 지원자의 성격이나 성향을 묻는 이유는 간단합니다. 바로 일을 잘 하는데 필요한 소양적인 부분에 어느 정도 부합하느냐를 확인하고자 함인데요, 문제는 여기서부터입니다. 가령 프로그래머를 꿈꾸는 홍길동이라는 지원자가 성격에 대해서 자기소개서를 작성한다고 할 때 '인간' 홍길동의 성격을 중심으로 작성을 해야 할지 혹은 '프로그래머' 홍길동의 성격을 중심으로 작성을 해야 할지에 대한 고민이 시작됩니다.

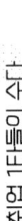

정 대표 : 정확한 포인트를 짚어주신 것 같습니다. 나의 성격을 있는 그대로 기술하는 것도 중요하지만 경우에 따라서는 지원 직무에서 요구하는 직무 소양에 걸맞은 사항 중심으로 작성하는 것이 중요합니다.

지원직무에 적합한 본인의 성격이나 소양을 기술하시오.

 SW 개발 직무에서 요구되는 성격적 역량이나 소양의 기본은 창의성과 추진력 그리고 문제해결 능력이라고 생각하며, 이러한 능력은 어떤 기술혁신을 목표로 하더라도 충분히 이뤄낼 수 있는 기반이 된다고 생각합니다. 3학년 1학기 당시 저는 Java와 C언어만을 활용한 프로그래밍을 하는 것에는 자신이 있었지만 다른 역량은 많이 부족한 편이었습니다. 그러나 취업에 성공한 선배들은 물론이고 저와 친하게 지냈던 친구들 대부분이 응용 서비스를 개발해 내는 단계까지의 역량을 보유하고 있었습니다. 특히 한 선배의 졸업작품 중 '장애 반려견을 위한 휠체어'라는 아이템이 인상 깊었습니다. 이후 뜻이 있는 친구들 몇 명과 함께 주말마다 모여 공부하는 스터디 모임을 운영했습니다. C/C++/C#, HTML/CSS, Javascript 등을 공부하면서 창의력과 전문성을 기르며 문제해결을 위한 차별된 접근 방법과 생각 구현 기법도 학습하였습니다. 이후 ○○○○○○에서 개최한 대학생 창의력 계발 대회에 참가하여 '유휴 자원 공유 서비스'를 개발하여 선보였고, '개인맞춤형 통합 카드 관리 시스템' 등의 아이템으로 여러 공모전에 참가했습니다. 저의 이러한 성격적 장점으로 인한 깨달음과 혁신 의지, 그리고 배움에 대한 노력은 다양한 공모전 참가와 캡스톤 디자인 대회에서 좋은 성과를 창출해 주었고 장차 기본기가 충실한 SW 개발자로서의 역량을 십분 발휘하게 해줄 것이라 확신합니다.
 반면 저는 일을 할 때 보다 체계적으로 일을 하는 것을 매우 선호하는 편이라서 프로세스를 매우 중요시 여깁니다. 그렇기 때문에 일을 시작하기 전 일을 계획하는 단계에서 고민을 많이 하고 시간이 다소 걸리는 경향이 있는데 이는 앞으로 경험이 축적된다면 충분히 해결될 사항이라고 자신합니다.

이 교수

위 자기소개서의 사례를 보면 본인이 어느 부분이 특출한지 강조하고 있는 점을 사례로 증명하고 있습니다. SW 개발자로서의 깨달음과 성장, 노력의 과정을 사례를 들어가며 흐름대로 설명을 해주고 있습니다. 기술적인 부분에서의 역량, 소양적인 부분에서의 가치, 그리고 수상 경력 등을 통한 실력 검증까지 다채롭게 내용을 전개하는 방식도 독창적이라고 할 수 있습니다.

이 대표

자기소개서 문항 중 성격의 장단점을 작성할 때 많은 취업준비생이 하는 또 다른 고민 중 하나가 바로 '단점'을 작성하는 부분입니다. 분명한 사항은 단점이라는 것은 약점과는 반드시 다른 부분이라는 것입니다. 그렇기 때문에 오로지 단점만을 기술해야 함에도 불구하고 많은 취업준비생이 약점을 기술하는 우를 범하곤 합니다. 정 대표님께서는 약점이 뭐라고 생각하십니까?

정 대표

제가 생각하는 약점은 태도, 습관, 행동, 버릇, 가르침, 깨달음, 마음가짐 등의 부족함에서 비롯된 성격적 결함을 의미한다고 생각합니다. 예를 들자면 '게으르다.', '까칠하다.', '신경질적이다.', '독단적이다.' 등이 있습니다.

이 교수

반면 단점은 약점과는 매우 다른 내용입니다. 단점은 아직 학생이고 사회 경험이 짧기 때문에 부족할 수밖에 없는 역량이라고 정의하면 될 것 같습니다. 아직 사회 경험을 안 해봤기 때문에 혹은 경험이 부족했기 때문에 발생할 수 있는 부족함이라고 할 수 있으며 그렇기 때문에 누가 보더라도 충분히 이해될 수 있는 상황이라고 간주할 수 있습니다. 예를 들자면 '문제해결 능력이 아직은 더 필요합니다.', '위기 대응 및 관리능력의 향상이 요구됩니다.' 등으로 표현할 수 있습니다.

> **본인 성격의 단점을 기술하시오.**
>
> 과거 수치와 정확성에 민감한 건축학을 공부해서인지 다른 사람들은 가볍게 여기고 넘어가는 것을 쉽게 넘기지 못하는 면이 있습니다. 예를 들어 포토샵 작업의 경우 1픽셀의 차이는 육안으로 구별하기 어려운 것임에도 하나하나 맞춰나가느라 시간 소모가 더 많이 걸렸던 경험이 있습니다. 또 네이버 블로그 작성 시 색상 코드로 설정된 RGB(Red, Green, Blue) 색상은 컴퓨터의 윈도우 OS 화면과 달리 안드로이드 OS 모바일 기기 화면에서는 검은색으로만 나타나게 되는데 이외에도 굵기나 기울기, 밑줄 등에서도 마찬가지로 차이를 보이는 코드를 일일이 HTML방식으로 처리해 주느라 포스팅에 시간이 몇 배로 걸리곤 했습니다. 그런데 사실 이런 것은 정보 획득을 위해 제 블로그를 방문하는 사람들의 눈에 확 띄는 부분은 아니기에 제 개인의 만족에 그칠 뿐이었습니다. 그래서 예전에 절 가르쳐 주신 수학 선생님께서 강조하셨던 '대강 철저히'를 발휘해서 필요한 부분에만 철저히 하는 습관을 길러야겠다고 생각하기도 했었습니다. 하지만 오히려 이런 철저함은 자잘한 오류라도 그대로 둬서는 안 되고, 수정 작업을 해야 하는 IT 업무에서는 장점으로 빛을 발할 수 있을 것입니다. 따라서 저는 저 자신의 고치기 어려운 면을 억누르기보다는 더욱 보완해 나가고자 합니다. 앞으로 미래가 기대되는 사회인으로서 더 많은 상황을 마주하고 경험을 쌓는다면 충분히 잘 할 수 있을 것으로 판단합니다.

3-6) 입사 후 포부

이 대표: 지원동기 못지않게 자기소개서와 면접에서 많이 나오는 또 하나의 문항이 나왔네요. 바로 '입사 후 포부'입니다. 사실 저는 지원동기와 입사 후 포부만 잘 준비해도 50%의 준비는 끝났다고 보는 편입니다. 두 분의 입장은 어떤가요?

이 교수: 네 저도 마찬가지입니다. 지원동기는 '왜?'라는 측면에서의 성격이 강하다면 입사 후 포부는 '무엇을? 혹은 어떻게?'라는 측면에서의 성격이 강하다고 할 수 있습니다.

정 대표: 또한 입사 후 포부라는 문항을 구조화하는 방법에는 2가지 방법이 있다고 할 수 있습니다. 첫 번째 구조화 방법은 지금으로부터의 미래를 '단기', '중기', '장기'로 구분하는 방법입니다. 이전에는 이러한 구분을 3년/6년/9년으로 나누거나 '10년 후 나의 모습' 등으로 표현하곤 했었습니다. 하지만 이러한 숫자적 구분은 사실 무의미하다고 생각되므로 단기 미래에서부터 장기 미래까지를 구분하는 것이 더욱 의미가 있다고 생각합니다. 단기적 측면에서의 미래에서 강조해야 할 사항은 사실 거창할 필요가 없습니다. 왜냐하면 취업준비생에서 사회인으로 진출한 지 얼마 안 되었기 때문입니다. 그래서 많은 부분에서 대단한 포부를 요구하는 기업도 없을뿐더러 설령 거창한 포부를 이야기한다고 하더라도 믿어줄 만한 사람들도 없다는 것이 냉정한 현실입니다. 그래서 단기적 측면의 미래에서는 신입사원으로서 조직에 얼마나 유연하고 능동적으로 적응하려고 하는가에 대한

사항, 나에게 주어진 업무나 맡겨진 역할 등을 얼마만큼 스스로 주인의식을 갖고 처리할 수 있는 역량을 향상해 나갈지에 대한 사항 등을 중점적으로 강조해야 합니다. 입사 후 포부라는 문항은 미래와 관련된 사항을 묻는 문항이기 때문에 다소 뜬구름 잡는 이야기로 작성될 수도 있습니다. 이 부분을 매우 조심해야 하는 만큼 현실적이고 타당한 이야기를 중심으로 구성해야 합니다. 그리고 매우 중요한 중기적 미래 측면에서 더 이상 신입사원이 아니고 업무전문가로서 역할을 해야 하는 시기입니다. 그렇기 때문에 직무에 대한 전문성을 갖춘 인재로 성장하기 위하여 어떠한 계획을 지니고 있는가에 대한 현실적인 이야기를 기술해야 합니다. 산업과 기술이 변하듯이 직무도 변화합니다. 당연한 이야기이지요. 그만큼 민감하게 변화를 받아들여야 하기도 합니다. 하지만 많은 취업준비생은 한번 정한 직무는 그대로 계속 갈 거라고 생각하는 경우가 많이 있습니다. 그렇기 때문에 직업이나 직무를 전망하는 내용의 전문보고서나 리서치 자료 등을 충분히 조사하고 분석할 필요가 있습니다. 그 후 내가 선택한 혹은 희망하는 직무가 '5년 후 어떤 내용으로 변할지' 혹은 '10년 후 어떤 내용으로 진화할지'에 대한 사항을 반드시 숙지한 상태에서 중기적 측면에서의 미래 포부를 작성해야 합니다.

입
사
후
포
부

1. 단기적 측면
   • 조직 적응, 업무처리 범위의 확대 등

2. 중기적 측면
   • 전공의 심층적인 부분과 직무 결합 ➔ 전문가

3. 장기적 측면
   • 리더십, 중간관리자의 가교 역할 및 회사의 미래 비전 제시에 기여(2040년 등)

끝으로 장기적 미래 측면에서의 내용은 지금으로부터 꽤 먼 훗날의 이야기이므로 '나의 리더나 중간관리자로서의 역할'을 중심으로 생각을 하며 이야기를 구성하는 것이 필요합니다. 이처럼 입사 후 포부를 작성하는 방법은 매우 다양하지만 가장 중요한 것이 '구조화'라고 할 수 있습니다. 입사 후 포부라는 문항을 어떻게 구조화하느냐에 따라 문항을 기술하는 내용의 전반적인 사항이 변할 수도 있습니다.

○○○○○○에 입사한 후 계획하고 있는 업무적 포부를 기술하시오.

　　세계의 자동차산업과 산업기계 시장을 선도하는 ○○○○○○의 미래 경쟁력 확보 및 먹거리 창출을 위한 노력에 함께 하도록 하겠습니다. 저는 생산관리 전문가로서의 성장을 ○○○○○○에서 생산관리 최적화 기법을 도모하며 함께 하고 싶습니다.
　　저는 우선 신속하고 정확한 직무에 대한 이해를 기반으로 ○○○○○○의 조직에 융화되겠습니다. ○○○○○○에서 생산 및 제조되는 제품들에 대한 이해와 지식을 기본으로 하여 생산관리인으로서의 기본 소양을 닦아나가겠습니다. 국내/외 Global

Player의 모범사례를 벤치마킹하고 흡수하여 ○○○○○○의 생산현장에 적용될 수 있는 혁신 기반의 생산 프로세스 개선, 최적화 기반의 Lead Time 절감, 효율 기반의 낭비 제거 활동 등을 추진해나가도록 하겠습니다. 그뿐만 아니라 각 부서의 특징과 공정 과정을 이해하고 능동적으로 업무를 해결할 수 있는 능력을 기를 수 있도록 체계적인 현장관리 시스템의 업데이트, 작업 매뉴얼의 유기적인 작성 등을 위해 노력할 것입니다.

○○○○○○는 2030년 파괴적 혁신을 기반으로 한 다이나믹한 성장을 도모하고자 합니다. 이러한 목표를 달성하기 위해서는 내수시장의 점진적인 확대뿐만 아니라 글로벌 산업에서의 파괴적 혁신을 통한 역동적 진입이 필수라고 생각합니다. 같은 맥락에서 현재 베어링 및 몇 개의 제품에 한정되어 있는 생산품목의 다양화가 필요하며, 경영 전략의 다변화도 요구된다고 할 수 있습니다. 그 때문에 제품, 산업, 경제 흐름에 관한 이해 및 분석 능력을 기르고 해외 시장 개척을 위한 혁신적인 생산관리 체계를 구축하도록 하겠습니다. 일별, 주별, 월별, 분기별 생산관리 체계를 구축하고 데이터 중심의 수요예측을 축으로 하여 최적화된 환경을 구축하는 데 일조하겠습니다. 해외 기업의 글로벌전략과 B2B/B2C 마케팅 성공사례를 분석하고 ○○○○○○의 보완 대책을 점검하여 보유 인프라의 멀티 활용을 고려한 각 지역의 특성에 맞는 전략과 대책을 세워 생산할 수 있는 전략을 구체적으로 제시하도록 하겠습니다.

이 대표

구조적으로 단기적인 측면과 장기적인 측면을 나누어 기술한 부분이 눈에 띕니다. 생산관리 직무 전문가로서 구체적인 포부도 다양하게 제시되어 있는 부분이 인상적인데, 특히 마지막 부분에서 궁금증을 불러일으킵니다. '과연 어떠한 전략을 제시할 것인가?'와 같은 사항입니다.

저도 마찬가지입니다. 다만 아쉬운 점은 이 대표님께서 말씀하신 마지막 부분인데요, 이 부분에 대해서 지나칠 정도로 확언을 했다는 점입니다. 자기소개서나 면접에서의 확언은 양날의 검이라고 할 수 있습니다. 철저하게 준비가 된 상태에서의 확언은 나를 더욱 돋보이게 하는 무기가 될 수 있지만 그렇지 않은 경우 덫이 될 가능성이 매우 큽니다. 물론 위 자기소개서를 작성하신 취업준비생의 경우 전자일 가능성이 크므로 크게 걱정은 하지 않습니다.

그리고 다른 구조화 방법으로는 '미래 계획'만을 기술하는 방법도 있습니다. 이와 같은 구조화 방식에서는 반드시 선행되어야 하는 것이 당연하게도 회사에 대한 '미래 내용에 대한 조사'입니다. 이 부분이 선행되지 않고서는 매우 작성하기 힘들다는 특징을 지니고 있습니다. 내가 지원한 회사가 미래 어떤 모습을 갖추려고 노력하는지에 대한 사항 그리고 내가 지원한 회사가 어떠한 성장계획을 지니고 있는지에 대한 내용 등을 충분히 숙지한 상태에서 내용이 작성돼야 합니다.

우리 회사에 입사한 후의 포부나 성장 계획에 대해서 기술하시오.

○○○○○은 플랫폼을 기반으로 한 Eco System을 구현하여 혁신의 가치를 나누겠다는 상생의 의지를 굳건히 하고 있으며 그 중심에는 인터넷 쇼핑몰, 스마트 콘텐츠, 내비게이션, 애플리케이션 마켓, 검색 포털 등 최고의 경쟁력을 가진 플랫폼으로 작년 말 다수의 경쟁사를 압도하는 성과를 창출하였습니다. 또한 매니저 호칭을 사용한 열린 기업문화, 국내 최고 수준의 빅 데이터 센터를 이용한 데이터 엔지니어링 기술을 기반으로 한 인프라 구축 등으로 조직 역량을 계속해서 고도화하고 있습니다.

자기소개서 합격을 위한 고도화 전략

> 또한 인터넷 쇼핑몰은 국내에 국한하지 않고 그 역량을 유럽에 진출시킴으로써 다시 한번 성장의 교두보를 마련했습니다. 만약 M&A를 통한 미국과 중국으로의 시장 진입이 가능하다면 뛰어난 기술력을 기반으로 세계를 선도할 수 있는 기업으로써 가치가 무한하다고 생각합니다. 하지만 플랫폼 시장은 낮은 진입장벽과 많은 경쟁사의 등장으로 드라마틱한 성장을 기대하기 힘든 현실입니다. 그렇기 때문에 새로운 기술 및 현상에 대한 패러다임의 전환이 필요한 산업이기도 합니다. 프로그래밍, 시스템 소프트웨어 등을 전문으로 연구하고 학습하여 웹 및 앱 개발 프로젝트에 적극적으로 참여하였고 프로그래밍 기술을 발전시키려고 노력했습니다. 그리고 최신기술의 동향 및 IT 트렌드를 놓치지 않기 위하여 32개월 동안 정보지를 구독하며 플랫폼과 미래 기술과 관련한 내용을 탐독하기도 하였습니다.

이 교수 : 위 자기소개서의 사례는 지원한 회사에 대한 사전 조사가 충분히 이루어졌고 본인이 그에 걸맞은 노력을 했다는 점을 계속해서 어필하고 있는 부분이 인상적이라고 할 수 있습니다.

이 대표 : 좋습니다. 다 좋은데 '조금만 더 구체적으로 접근했다면 어땠을까?' 하는 생각을 합니다. 사전 조사가 충분히 이루어진 느낌은 충분히 받을 수 있는데 기술하는 방식의 차이에서 오는 거리감이라고 할까요? 저는 왠지 표면적인 이야기에만 머물러있는 느낌을 받았습니다. 하지만 매우 객관적으로 접근하였고 이 정도로도 충분히 설득할 수 있을 거라는 확신을 갖게 합니다.

이 교수 : 또 다른 구조화 혹은 기술 방법으로는 'As-Is Vs. To-Be' 방식이 있습니다. 거창하거나 어려운 접근이 아닌 아주 단순화한 구조화 기법이라고 할 수 있습니다. "'As-Is'는 현재(혹은 과거)에 이러이러했는데 'To-Be'에는 이러이러한 미래 계획이나 포부를 가지고 있다.'로 정리하면 될 것 같습니다. As-Is 부분에서는 현재

혹은 과거의 상황이나 경험 등을 객관적으로 쓰고 그 부분에서 느낀 사항에 대해서 언급을 해줘야 합니다. 그리고 이러한 부분을 고려하여 To-Be 부분에서 어떤 계획을 가지고 있는가에 대한 구체적이고 생산적인 내용으로 이야기를 꾸려나가야 합니다.

> 본인이 우리 회사에 입사 후 이루고 싶은 목표와 노력 등의 계획을 기술하시오.

동남아시아 인형 제조 공장에서 약 6개월간 일하면서 불량을 수치화하면서 품질을 혁신적으로 개선했던 경험이 있습니다. 인형을 제조하는 과정에 대한 프로세스 정립이 안 되어있었고 불량을 관리하는 방법 등이 미숙하여 데이터 등이 수집되거나 하지 않은 상태에서 제작이 되고 있었습니다. 그래서 약 20개의 제품에서 54%가량의 불량률이 발생하고 있었습니다. 이를 해결하기 위해서 전 부서에서 운영하고 있는 프로세스를 분석하였고 그 결과로 3년 치 생산 계획표와 불량사유를 분석하여 불량을 불러일으키는 주요 요인을 2가지 도출하였습니다. 봉제 공정에서의 기술 숙련도 미흡으로 인한 불량 발생이 가장 큰 원인이었고, 염색 공정에서 먼지에 의한 오염이 그다음으로 큰 원인이었습니다. 엑셀과 R 등을 활용해서 수집된 데이터를 어렵사리 분석하였고 6개의 봉제 공정 중 4개의 공정에서 불량이 발생하여 재가공이 필요한 사항으로써 불량이 시간당 약 1,500개가량 발생한다는 점을 부각시켰습니다. 이후 생산기기 재조립 및 프로세스 개선, 작업자 재교육 등을 통해 점차 환경을 개선시켜 나갔고 염색공정 중 먼지로 인한 오염을 막기 위하여 특수코팅으로 된 제작판을 활용하기로 하였습니다. 그 결과 기존 54%가량의 불량률이 20% 초반으로 감소되는 결과를 얻을 수 있었습니다.

저의 이런 작지만 소중한 경험은 ○○○○가 추구하는 미래 목표를 충족하는데 작은 기여를 할 수 있다고 자신합니다. 저는 다양한 현장 경험을 통해 데이터 하나도 소중히 여기는 태도를 지니고 있습니다. 그리고 데이터를 활용하여 분석된 결과를 도출하고 이를 비즈니스 인사이트로 도출할 수 있는 우월한 능력을 지니고 있다고 생각합니다. 스마트 팩토리, 디지털 마케팅, U-City, 프로세스 자동화, 바이오 헬스케어 등 전방위적인 비즈니스 영역에 다음과 같은 역할을 수행하도록 성장해 나가겠습니다.

　데이터 플랫폼을 기획하고 운영할 수 있도록 데이터 엔지니어로서의 역량을 충분히 하겠습니다. 데이터 분석을 실용적으로 하기 위하여 파이썬과 Mini Tab 등 프로그래밍 언어를 두루 활용하도록 하겠습니다. 특히 제가 자신 있는 부분은 수요예측 알고리즘을 최적화하는 부분인데, 이러한 부분을 각 산업의 수요와 특징을 고려하여 최적의 수요가 예측되도록 하여 프로세스 말미에 구매 및 재고관리까지 최적의 성과를 도출할 수 있도록 하겠습니다.

　데이터 분석 활용 및 적용 측면에서 생산성 있는 역량을 강화해 나가겠습니다. 단순히 BI 플랫폼을 운영하는 것은 더 이상 의미가 있거나 가치 있는 비즈니스 인사이트 도출 활동이라고 하기에 어려운 부분이 있습니다. 하지만 이를 사업화하는 과정에서 기획 업무에 도움이 되고, SCM 및 물류, 연구개발, 영업 및 마케팅 영역에 주요 Factor로써 활용된다면 그 가치는 우월하다고 생각합니다. 저는 앞으로 계속해서 생각 그 이상의 행동으로 성장하겠습니다.

이 대표

저는 위 자기소개서를 읽고 As-Is 단계에서 언급한 간단한 사례는 도입 부분의 역할을 하기에 충분하다고 생각하였지만 To-Be 단계에서는 매우 두루뭉술하다는 느낌을 받았습니다. 현재까지의 점수가 60점이라면 이를 80점 이상으로 올리기 위해서는 다음과 같은 부분을 조금 수정해야 할 필요성이 있는 것 같습니다. '데이터 플랫폼을 기획하고 운영할 수 있도록 데이터 엔지니어로서의 역량을 충분히 하겠습니다.' 이후 부분에서 표면적인 이야기들을 단순 나열하는 것에 머물렀는데 내용을 좀 줄이더라도 핵심 사항 위주로 구체적으로 내용을 전개해 나가야 합니다. 가령 데이터 엔지니어로서 많은 역량 중 어떤 역량을 충분히 성장시켜서 기여하겠다는 건지에 대한 역할 정의가 분명히 되어야 합니다. 그리고 '데이터 분석 활용 및 적용 측면에서 생산성 있는 역량을 강화해 나가겠습니다.'의 이후 부분에서 마찬

가지로 어떤 역량을 강화하겠다는 건지에 대한 구체적인 전략이나 계획이 언급돼야 합니다. 특히 단순한 일반 역량이 아닌 생산성 있는 역량이라고 작성자가 이야기를 했기 때문에 매우 구체적인 내용이 필요한 부분이라고 사료됩니다.

저도 100% 동의하는 부분입니다. 내용 전개 부분에서 '가벼운 소재로 이야기가 시작되어서 사례에 근접한 수준의 이야기로 마무리되겠구나.' 하고 기대를 했었는데 오히려 그 반대였던 것 같습니다.

○○○에 입사 후 이루고 싶은 꿈을 기술하시오.

저는 ○○○ 브랜드팀에서 마케터로서 많은 책임 범위 내에서 업무의 양과 깊이를 늘려나갈 예정입니다. 현재 ○○○의 국내 주요 판매채널은 방문판매 및 오프라인 매장 판매가 대부분이었습니다. 그러나 이러한 구조는 많은 인건비와 관리 비용 측면에서의 기업 부담감이 존재하고 관리 절차와 시간이 복잡하고 많이 소요됩니다. 그러한 측면에서 타 산업에서의 기업혁신과 같이 ○○○도 혁신이 필요하다고 생각합니다. 단계적으로 SNS채널과 E-commerce, Omni-channel을 체계화하여 온라인 채널을 다양하게 만들겠습니다. 아울러 마케팅/영업/프로모션/이벤트 등을 아우르는 통합 마케팅 플랫폼을 구축하고 전략적인 마케팅 프로세스 구축 등을 기반으로 ○○○만의 독보적 존재감을 분명히 하겠습니다. 이를 위해 ○○○이나 ○○○ 등 한국에서 성공한 해외 남성 제품의 마케팅 전략을 초기단계에서부터 철저히 분석해 보고자 합니다. 이를 통해 한국 남성의 니즈를 제품DNA에 반영하도록 하고 남성의 Real-message를 최적화하여 제공하겠습니다.

자기소개서 합격을 위한 고도화 전략

이 교수

이번 자기소개서는 입사 후 포부의 'As-Is Vs. To-Be' 구조의 전형이라고 할 수 있겠습니다. 현재 기업은 방문판매 및 오프라인 매장 판매를 위주로 판매채널을 운영하고 있는데 이것을 O2O(Offline To Online) 현상에 발맞출 수 있도록 개혁하겠다는 포부가 큽니다. 그리고 구체적입니다. 비록 글자 수에 제한이 있어서 많은 이야기를 기술하지는 못했지만 잘 쓴 사례라고 할 수 있습니다.

이 대표

위 구성을 보면 확연하게 구분이 됩니다. 지원회사의 과거 활동과 미래 본인의 포부 간 배치가 극명하게 구분되는 사례라고 할 수 있습니다.

정 대표

네 맞습니다. 비록 내용은 짧지만 굵직한 메시지를 전달하는 것 같아서 인상 깊습니다.

3-7) 성공 및 실패 경험

 제가 두 대표님께 질의하고자 합니다. 기업에서 취업준비생의 성공 및 실패 경험을 물어보는 이유는 무엇일까요?

 제가 먼저 답변을 드리겠습니다. 취업준비생 혹은 사회초년생이 기업에 입사 후 사회생활을 하다 보면 수많은 상황을 맞이하게 됩니다. 경우에 따라서는 운이 좋아서 별 어려움 없이 지나가는 일도 있겠지만 그렇지 않은 경우 매우 고민스러운 경우도 발생할 것입니다. 이렇듯 많은 상황에서 겪게 될 실패와 성공에 대한 본인의 마음가짐이나 대처 방안 혹은 보완계획 등을 질문하게 되는 것입니다. 가령 회사에서 프로젝트를 했는데 실패 위기에 처했을 때 어떤 행동을 취할 것인지는 우리가 조직 구성원으로 살아가면서 반드시 해야 할 고민이라고 생각합니다. 혹은 이와 반대로 성공했을 경우 추후 더 큰 성과를 이루기 위해서 어떤 생각과 계획을 가지고 있는지에 대한 사항도 기업 입장에서는 충분히 궁금한 부분입니다.

 네 그렇습니다. 그래서 내용을 정리하면 취업을 준비하는 과정에서 성공을 경험했으면 그 성공의 이유가 무엇이며 왜 성공했는지에 대한 정확한 분석이 이루어져야 합니다. 그리고 추후 더 큰 성공을 이루기 위한 전략이나 방안 등을 계획해야 합니다. 반대로 실패를 경험했다면 실패를 경험하게 된 주요 원인이 무엇인지에 대한 철저한 분석이 이루어져야 하며 추가로 유

3

자기소개서 합격을 위한 고도화 전략

사한 실패를 반복하지 않도록 하기 위한 방안은 무엇인지에 대한 확실한 전략이 수립되어야 합니다.

> 본인의 역량을 활용하여 (프로젝트나 과제 등) 성공을 경험했던 사례를 기술하시오.

빅데이터 분석과 이를 활용한 데이터 기반 전략 수립 역량을 갖춘 전문가로 성장하고자 다양한 경험을 수행하였습니다. 2022년 ○○○○에서 개설한 빅 데이터 전문가 교육과정에 6개월간 참여하여 5개 종류(엑셀, R, 파이썬, SPSS, SQL)의 빅 데이터 프로그래밍 및 분석 언어에 대한 전문 교육을 이수하였습니다. 이러한 역량을 발판 삼아 '도심 하숙집 밀집 상권별 실시간 데이터 분석 및 해석을 통한 골목상권 활성화 전략 도출'을 주제로 졸업 과제를 수행하였습니다. 시리즈물로 제작된 본 프로젝트는 기초 데이터를 활용한 플랫폼 유연화 전략을 축으로 초개인화를 위한 맞춤형 솔루션 제안까지의 내용을 담았습니다.

초기에는 데이터의 전처리와 예측 알고리즘의 최적화가 제대로 이루어지지 않아 많은 시행착오를 겪었습니다. 나아가 프로젝트 팀원 간 역량의 차이가 존재하였고 다룰 수 있는 빅 데이터 관련 프로그램도 각기 달라서 역량을 통일하기도 어려운 상황이었습니다. 하지만 기술적인 이슈는 역량의 십시일반 자세로 해결하였고, 비즈니스 인사이트 도출을 위한 수행 과제로써 설문조사, FGI, 전문가 심층 인터뷰, 각종 문헌 및 자료조사 등의 조사분석을 통해 우리의 프로젝트를 성공시키고자 노력하였습니다. 초기에는 다소 뻣뻣한 느낌의 프로젝트였지만 지속적인 개선을 통해 추후 유망 스타트업으로부터 사업 제안을 받기도 하였습니다.

위 자기소개서의 사례를 보면 매우 전략적입니다. 앞서도 우리가 언급한 것처럼 많은 곳에 작전이 숨겨져 있다고 볼 수 있습니다. 예를 들자면 '초개인화를 위한 맞춤형 솔루션 제안'은 무슨 내용일까에 대한 사항을 궁금하게 만들고 있고 끝부분에는 유망 스타트업으로부터 사업 제안을 왜 받게 되었는지에 대한

혹은 어떤 제안 사항이었는지에 대한 사항이 바로 작전이라고 할 수 있습니다.

저도 같은 관점에서 생각을 해보았습니다. 특히 인상적인 부분은 '우리는 이러이러해서 성공했다.'라는 부분에 대해서 명확하게 언급을 하고 있지도 않습니다. 그래서 더욱 인상적인 사례가 아닌가 싶습니다.

실패 사례를 언급할 때는 더욱 조심해야 하는 부분이 있습니다. 바로 '왜 실패를 하게 되었는가?'와 관련된 사항이 아니라 '다시는 실패를 되풀이하지 않기 위해 무엇을 해야 하는가?'와 관련된 사항을 기술할 때라고 생각합니다. 왜냐하면 취업준비생 입장에서 범할 수 있는 실수나 겪을 수 있는 실패의 내용은 다소 유사한 점이 많기 때문에 실패 원인도 다른 사람의 것과 유사하거나 중복될 확률이 높습니다. 그러나 '실패의 개선'과 관련된 아이디어는 각자가 생각해 낸 결과물이자 창의적 산물이기 때문에 다를 수밖에 없습니다. 그래서 더더욱 차별성을 나타내는 부분이라고 생각합니다.

> 실패를 경험하거나 역량을 충분하게 발휘하지 못했던 경험을 기술하시오.

보행이 어려운 장애인을 위한 자율주행 휠체어를 고안하여 ○○○에서 개최한 대학생 아이디어 경진대회에 참가한 적이 있습니다. 기계적으로 학습된 1만여 이미지에 대한 학습 결과를 토대로 경로를 설정하고 최적의 경로 설정(Routing)을 위한 빅 데이터를 가미하는 것을 주된 설계 내용으로 하였습니다.

보행이 어려운 상황이니만큼 기계 사용에 부담이 없어야 했고 무엇보다 경로설정이 정확해야 했으며 경로상 장애물 인식에 오류가 없어야 했던 상황이었습니다. 새로운 시도를 했을 때의 주변 반응은 매우 차가웠고 새로운 시도를 위해 저는 하드웨어와 소프트웨어 기술을 모두 새롭게 배워야 하는 노력을 기울여야 했습니다. 프로젝트 팀 내 엔지니어 파트에서는 정교화된 기술 구현에 어려움을 느꼈고 기술기획 파트에서는 실생활에 사용 가능한 수준의 기술전략을 수립하는 데 어려움을 느끼기도 하였습니다. 저는 PM으로서 이 난관을 헤쳐나가고자 노력했으며 많은 유관기업들을 방문하여 조언을 얻고 기술노하우 등을 공유받기도 하였습니다. GitHub 소스 코드 등을 적극 활용하여 사물데이터 분석을 시도하였고 점차 학습 데이터양을 늘려나갔습니다. 그러나 한정된 예산으로 구매할 수 있는 서버 및 장비 등의 현실적 한계가 있었고 학생 수준에서 최고 수준의 전문가를 따라 하기에는 기술역량의 차이가 매우 컸음을 느낄 수 있었습니다. 결론적으로 저희 팀이 초반에 고안했던 아이디어를 현실화하는 데는 실패하였지만 아이디어의 창의성과 노력을 인정받아 한국○○○○학회 대학생 부문에서 혁신상을 받을 수 있었던 경험이 있었습니다.

이 교수

위 자기소개서 사례를 읽으면서 조금은 안타까운 느낌이 들었습니다. 주변의 차가운 시선을 견디며 새로운 아이디어를 고안했고 이를 실현하고자 엄청난 노력을 했음에도 현실적 장벽을 넘지 못해 실패에 머물고 말았던 사례라서 더욱 아쉽다고 느껴집니다.

이 대표

네, 저도 비슷한 감정을 느꼈습니다.

정 대표

저도 두 분과 같은 입장인데요, 위 자기소개서 사례에서 한가지 매우 아쉬운 부분이 있습니다. 뭐라고 생각하십니까?

이 대표

제가 먼저 말씀드리도록 하겠습니다. 앞서 우리 셋이 논의한 사항 중 실패를 했으면 '왜 실패를 했는가?' 혹은 '다시는 실패하지 않기 위해서 어떤 노력을 기울여야 하는가?'와 같은 현실적인 보완책 등이 보이지 않는다는 점입니다.

정 대표

매우 정확한 지적입니다. 저도 같은 생각입니다.

이 대표

그런 측면에서 저도 첨언을 드리자면 다음과 같습니다. 과연 위와 같은 사례에서 노력이 너무 현실을 간과한 무리한 아이디어 고안은 아니었을까에 대한 현실적 고민도 추가되어야 할 것 같습니다. 작성자는 본인이 대학생임을 밝혔고 대학생 아이디어 경진대회에 참가한 사실을 강조하였습니다. 이렇듯 현실은 대학생인데 최고 전문가들이 진행할 법한 프로젝트에 도전한다는 것 자체가 너무 높은 목표를 과도하게 설정한 것은 아닐지에 대한 현실적 고민이 요구됩니다.

이 교수

맞습니다, 같은 맥락에서 조언을 드리자면 많은 실패와 관련한 자기소개서의 사례를 보면 '리더십의 부재', '약한 팀워크', '팀원 간 불화' 등으로 끝나는 경우가 많습니다. 위 자기소개서의 사례는 프로젝트와 관련된 이야기로 시작을 해서 프로젝트로 끝맺음을 하였습니다. 높게 평가받아야 할 부분입니다. 왜냐하면 많은 실패를 주제로 한 사례를 보면 어느 한 부분에 대해 이야기를 하다가 갑자기 팀원 간 불화가 생긴다든지 리더십이 흔들린다든지 팀워크에 금이 간다든지 하는 이유로 인하여 실패했다는 이야기를 많이 하기 때문입니다. 이와 같은 내용 전개가 왜 높은 평가를 받지 못하냐면 많은 사람이 비슷한 이야기를 하기 때문에 독창성이나 창의성이 없다고 평가받기 때문입니다. 유념해야 할 사항 중 하나라고 생각합니다.

저도 이 교수님께서 말씀하신 사례를 참 많이 보았습니다.

저도 마찬가지입니다. 그럴 때마다 보다 현실적이고 사실적인 이야기를 해줄 것을 조언합니다.

3-8) (직무 및 기술) 전문성을 발휘했던 경험

회사에 취업을 해서 본인의 역량을 발휘할 기회를 얻는다는 것은 매우 영광스러운 일입니다. 그만큼 본인의 가치와 가능성을 인정받았다는 점을 의미하는 바이며 앞으로 성장이 기대되는 사항이라고 간주될 수도 있기 때문입니다.

많은 사람이 나에게 기대하고 있다는 점은 매우 부담스러운 점일 수도 있지만 한편으로는 나를 성장하게 만드는 정말 중요한 일이 아닐 수 없습니다. 그러한 측면에서 학창 시절부터 나의 전문성을 발휘하며 성장했던 경험을 한다면 더할 나위 없이 좋은 역량관리 방법이 아닐까 생각합니다.

그래서 회사에서 취업준비생에서 전문성을 발휘했던 경험을 묻습니다. 본격적인 사회인으로 진출하기 전에 혹은 업무를 직접적으로 수행하기 전에 본인이 학창 시절에 어떤 전문성을 보유했고 이를 어떻게 발휘했는지를 어필하는 점은 매우 중요합니다. 왜냐하면 자기소개서나 면접에서 이러한 내용을 토대로 직접적인 평가가 이루어지기 때문입니다. 단적인 이야기로 '같은 값이면 다홍치마'라는 말이 있듯이 비슷한 수준의 역량과 경험을 보유한 취업준비생이라면 지금 이야기하고 있는 부분에서 경험이 우월한 사람이 높은 평가를 받곤 합니다. 왜냐하면 '즉시 전력감'으로서의 가치가 매우 높기 때문입니다.

자기소개서 합격을 위한 고도화 전략

정 대표: 저도 서류를 평가하거나 면접관으로 역량심사를 할 때 직무와 직접적으로 혹은 간접적으로 연계된 전문성을 발휘했던 지원자를 선호하는 편입니다. 이유는 이 교수님께서 말씀하신 것과 동일합니다.

이 대표: 그 부분은 저도 마찬가지입니다.

정 대표: 이와 관련하여 많은 취업준비생이 질문을 합니다. 본인이 기초적으로 전문성을 보유하고 있거나 전공지식 등을 가지고 있다고 가정했을 때 이 부분이 직무와 직접적으로만 연계가 있어야 하냐는 점입니다. 즉 다시 말해 간접적인 전문성이나 간접 경험 등은 의미가 없느냐는 질문인데요, 두 분은 어떻게 생각하십니까?

이 대표: 저는 두 상황 모두 소중한 자산이라고 생각합니다.

이 교수: 당연합니다. 직접적이냐 간접적이냐를 따지기 전에 나를 얼마나 성장시켰느냐를 먼저 고려해 보아야 할 것입니다.

정 대표: 두 분 말씀 잘 들었습니다. 저도 같은 생각입니다. 내가 보유한 전문성이나 경험 등이 직무와 직접적으로 연결된다면 매우 좋은 상황이라고 할 수 있습니다. 이는 분명한 사실이기도 합니다. 다만 그렇지 않고 간접적인 전문성이나 경험 등을 보유했다고 하더라도 충분히 가치 있게 활용할 수 있는 부분이 분명히 존재합니다. 앞서 보았던 자기소개서의 사례를 다시 한번 살펴보시죠.

> 지원 분야에 대해 전문성을 향상하거나 지식 습득을 위해 노력을 기울였던 경험에 대해서 기술하시오.

최근 소비자의 마음을 사로잡는 광고를 기획하기 위해서는 그들이 항상 사용하고 있는 디지털 환경에 대한 높은 이해도가 필수입니다. 저는 ○○○○이라는 광고 대행사에서 6개월간 인턴 생활을 하였습니다. 인턴 신분이었으나 저의 커뮤니케이션 역량을 인정받아 화장품 계열사인 L 브랜드 페이스북 운영을 담당하게 되었고 이를 통해 디지털 환경에서는 고객 중심의 콘텐츠가 중요하다는 것을 몸소 체험하였습니다.

초반에 광고주는 이벤트 홍보나 제품의 성분과 같이 브랜드의 일방향적 메시지가 담긴 콘텐츠를 다수 요청하였습니다. 그 당시 SNS 내 기업의 광고에 대한 유기적 도달률이 15%에서 7%로 떨어지고 있었기 때문에 하락세였던 L 브랜드의 페이스북 콘텐츠의 상호작용을 높이기 위해서는 콘텐츠 자체에 대한 매력도를 높이는 것이 중요했습니다.

저는 상호작용이 높은 경쟁사와 L브랜드의 콘텐츠를 비교하였고 각 브랜드 콘텐츠의 메시지별 반응을 분석하였습니다. 그 결과 높은 상호작용을 높이는 매력적인 콘텐츠는 소비자가 원하고 공감할 수 있는 브랜드 혹은 비관련 콘텐츠라는 것을 알게 되었습니다. 이러한 분석으로 새로운 콘텐츠의 방향성을 기획하였고 두 달 만에 L브랜드의 페이스북 전파성 지수를 상승시킬 수 있었습니다.

이렇게 저는 인턴 생활을 통해 고객의 입장에서 콘텐츠를 기획하는 것이 디지털 마케팅의 핵심이라는 것을 체감하였습니다. 이제 저는 더 넓고 깊은 디지털 환경에서 다양한 플랫폼을 활용한 광고로 소비자와 브랜드를 잇는 나비가 되고 싶다는 꿈을 품게 되었습니다.

우리가 앞서 논의했던 자기소개서의 사례를 또다시 제시하였습니다. 위 자기소개서의 내용에 대해서 논하기 전에 위 자기소개서의 구성에 대해서 어떻게 생각하십니까?

자기소개서 합격을 위한 고도화 전략

제가 보기에는 기승전결이 분명하게 구분되며 문단마다 목적의식이 충분히 있다고 생각합니다.

그리고 사례 위주로 기술을 하면서도 각각의 의미를 부여하고 있는 점은 매우 인상 깊은 부분이라고 생각됩니다. 또한 위 자기소개서의 내용을 보면 인턴 신분으로써 역량을 발휘할 수 있는 상황이 제한적임에도 불구하고 주도적으로 상호작용을 높이고자 노력했던 점이 우수하다고 생각되며 그 과정에서 많은 어려움이 존재했을 것 같은데도 티를 내지 않고 현명하게 해결한 것 같은 자신감 또한 느낄 수 있었습니다.

이 대표님의 말씀대로 그러한 부분이 인상적으로 다가왔던 사례라고 생각이 됩니다. 특히 저는 '이렇게 저는 인턴 생활을 통해 고객의 입장에서 콘텐츠를 기획하는 것이 디지털 마케팅의 핵심이라는 것을 체감하였습니다. 이제 저는 더 넓고 깊은 디지털 환경에서 다양한 플랫폼을 활용한 광고로 소비자와 브랜드를 잇는 나비가 되고 싶다는 꿈을 품게 되었습니다.'라는 부분에 대해서 정말 높은 평가를 주고 싶습니다. 왜냐하면 어느 관점으로 보느냐에 따라서 다소 상투적인 멘트 위주의 인사치레로 치부될 수도 있지만 저 내용에서 느껴지는 강인하고 주도적이며 자신감 넘치는 포부가 느껴집니다. 그 이유는 작성자가 앞서 제시한 내용과 연결하여 살펴본다면 충분히 느껴질 것이라고 생각합니다.

여담입니다만, '나비'라고 이야기한 부분은 급하지도 서두르지도 않는 여유 있는 모습을 위해서 노력하겠다는 의미일까요?

정 대표

그렇게도 받아들일 수 있겠네요?

이 대표

 지원자의 전공 및 지원 직무와 관련하여 전문성을 키우기 위해 꾸준히 노력한 경험을 기술하시오.

　　기계 기술 분야의 에너지 엔지니어는 회전기계, 배관, 고정 장치의 정비를 위한 기술 검토를 바탕으로 신뢰성 확보를 가장 큰 목표로 합니다. 설비 분야 엔지니어 직무를 수행하기 위해선 역학적 지식의 이해와 이를 기반으로 한 설계 경험이 중요한 역량이라고 판단하였고, 4대 역학을 바탕으로 설비에 가장 영향을 주는 요인인 진동에 관해 학습하여 각 설비에서 일어나는 이슈에 대해 이해하고자 했습니다. 3학년 1학기 기계진동학 수업에서 '실외기의 2자유도 고유 진동 분석'이란 개인 프로젝트를 3개월간 진행했었습니다. Analysis tool을 통해 해당 고유진동수를 찾고 공진을 피하기 위한 진동구간을 설정하고 이를 이론적 계산값과 비교하는 것이 목표였습니다. 하지만 정확한 Analysis를 위한 실외기의 규격, 모터의 출력 등의 물성치를 정확히 알 수 없다는 문제가 있었습니다.

　　이를 해결하기 위해, ○○시장 내 실외기 중고 상가 2곳을 찾아가 7가지 소형 실외기의 규격을 파악했고 평균치로 실외기의 규격을 가정하였습니다. 또한 그 과정에서 소형 실외기의 고물 모터를 구입하여 내부 모델링에 벤치마킹으로 반영했습니다. 외력 계산을 위해 해당 제조회사에 연락하여 모터의 출력에 관해 자문을 구했습니다. 이를 바탕으로 2자유도 진동에 관한 Analysis를 진행할 수 있었습니다.

　　하지만 해석 결과가 이론값과 다르게 나오는 걸 알 수 있었습니다. 이는 Analysis에서 스프링도 질량을 가진 물체로 간주 되었지만, 이론값에서는 성질만을 가지는 요소로만 적용되었고 외력을 주어진 출력을 바탕으로 sin파로 가정했기에 나오는 차이점으로 분석해 볼 수 있었습니다. 전문지식과 행동력을 기반으로 얻은 해석 결과와 오차 분석을 통해 교수님과 멘토님께 좋은 평가를 받을 수 있었습니다. 이러한 활동을 통해 성장한 지식과 확보된 역량을 바탕으로 ○○○○의 설비 분야에서 신뢰성과 안정성을 확보할 수 있는 인재가 되겠습니다.

제가 판단하건대 전형적인 공대생 스타일의 자기소개서이며 위 수준의 자기소개서라면 최상위급으로 평가받을 수 있는 내용, 사례, 구성이라고 생각합니다. 일목요연하게 내용을 전개하고 있으며 전공지식과 관련된 용어나 키워드 등도 적절히 사용하고 있습니다. 특히 본인의 기술역량을 선보일 수 있거나 혹은 본인이 노력을 기울였던 사항 등과 관련된 내용을 적극적으로 어필하려는 부분이 꽤 인상적으로 다가옵니다.

공대생 스타일의 자기소개서라면 특유의 용어 사용, 기술력 어필, 구체성 가미, 사례 위주, (아주 종종) 공식이나 이론 등장이 특징이라고 할 수 있습니다. 하지만 주의해야 할 점은 이런 특징들을 '단순히 나열'한다고 높은 평가를 받을 수 있는 것이 아닙니다. 반드시 논리적으로 연결되어야 하고 각각의 의미를 지녀야 합니다.

위 자기소개서처럼 잘 쓴 사례처럼 보이는 사례들도 한 가지 더 고민해야 할 사항이 있습니다. 자기소개서의 질의는 '지원자의 전공 및 지원 직무와 관련하여 전문성을 키우기 위해 꾸준히 노력한 경험을 기술하시오.'이었습니다. 즉 전문성을 키우기 위해서 얼마나 '연속성 있는' 노력을 하였느냐의 관점에서 기술을 요

구하는 질문이었습니다. 그런 관점에서 위 사례는 잘 쓴 사례에 속하나 단편적인 노력만을 기술한 점이 다소 아쉬운 부분이라고 할 수 있습니다. 하지만 전반적으로 매우 잘 쓴 사례에 속한다는 의견에 대해서는 저도 전적으로 동의하는 바입니다.

3-9) 인생의 역할 인물(롤 모델)

정 대표님, 기업에서 채용을 할 때 취업준비생의 역할 인물에 대해서 물어보는 주된 이유가 뭐라고 생각하십니까?

제가 생각하기에는 얼마나 훌륭한 사람에게서 어떤 가르침을 배웠고 이를 통해서 본인을 어떤 방향으로 성장시켰느냐에 대한 사항을 확인하기 위해서입니다. 이를 통해서 직무에서 요구하는 직무상과의 부합 여부, 회사에서 요구하는 인재상과의 부합 여부 등을 종합적으로 파악하기 위해서입니다.

저도 정 대표님 의견에 전적으로 동의합니다.

> 본인의 성장 과정에서 영향을 미쳤던 인물에 대해서 기술하시오.

　2023년 2학기 4학년 때 인턴으로 ○○社의 에너지관리와 관련한 ESS/ EMS 설계 과제에 참여했던 경험이 있습니다. 처음 담당하는 업무였기에 부담감이 상당하였고 비록 학교에서 많은 전공 수업을 배웠다고 하더라도 현장에서 사용되는 기술이나 활용되는 용어 등과의 차이가 있기 때문에 기술적인 차이(Gap)를 보완할 방법도 막막했습니다. 며칠 밤을 새워도 해결되지 않고 체력적 문제까지 발생하는 상황에 처했습니다. 그때 기존 발전기 설계를 담당하시던 팀장님께서 제게 주어진 업무에 대해 멘토링을 해주셨습니다.
　제가 담당했던 것은 기존 설계자료를 토대로 하여 여러 타 에너지관리 설비에 맞추어 최적의 설비를 도출하고 설계하는 것을 포함하여 전반적인 아웃라인을 설계하는 것

이었습니다. 팀장님께서는 인턴이 혼자 담당하기에는 무리가 있는 수준이라고 판단을 하셨고 매 업무시간 전과 후에 2~3시간가량을 저에게 할애하여 주셨습니다. 무엇보다 진심으로 저의 발전을 위한다는 마음이 전달되었고 끊임없이 서로 연구하고 토론하는 방식은 저를 진정한 사회인으로 이끌어 준 계기가 되었다고 생각합니다. 저는 처음 도전하는 에너지관리 관련 업무이기 때문에 이론적, 기술적으로 많은 어려움을 느꼈지만 팀장님과 함께 문제를 해결하였습니다. 정말 쉽지 않은 과정이었지만 최적의 설계를 위한 5가지의 요인을 도출하였고 전반적인 아웃라인 또한 최적화된 수준에는 다소 못 미치지만 낭비를 최소화하는 방향으로 설계를 하였습니다. 그 결과 인턴십 평가에서 1등으로 과정을 수료하였는데, 이 모든 과정의 결실에는 팀장님의 무한한 헌신이 있었습니다. 지금도 저에게 큰 존재이자 소중한 멘토로서의 역할을 다 해주시는 팀장님을 통해서 저 또한 훗날 저의 도움을 필요로 하는 후배를 위해서 성장을 위한 기반을 마련해줘야겠다고 다짐하였습니다. 인턴십 이후 저는 전기, 회로이론, 소프트웨어 프로그래밍 등의 과목을 공부하며 외부전문기관에서 전기 에너지 관련 기술 교육과정에 참여하고 있습니다. 그 결과 저는 에너지 관리 기술 및 유지관리에 대해 많은 것을 배웠고 유사한 프로젝트를 수행하면서 계속해서 성장해나갈 수 있었습니다. 그리고 이제는 인턴이 아닌 성장한 사회인으로서 팀장님과 함께 다시 한번 손발을 맞출 날을 기다려봅니다.

위 자기소개서의 사례를 살펴보면 회사에서 빈번하게 일어나는 상황이라고 할 수 있습니다. 직무 수준과 직무 담당자의 역량을 충분히 고려하지 못하여 발생하는 미스매칭의 한 사례라고 할 수 있습니다. 다만 그 과정에서 팀장님이자 멘토께서 한 역할에 주목하고 싶습니다. 문제해결을 위한 단순한 해답이나 방향성 제시가 아닌 논의와 토론을 통해서 인턴의 성장을 돕고 방향을 정립하는 등 진정한 멘토로서 역할을 수행했다고 생각합니다.

이 대표: 멘토와 멘티가 만나게 된 상황은 우연일 수도 있고 평범할 수도 있지만 그 과정에서 멘티가 멘토의 가르침을 본받아 혹은 가르침에 감동하여 최선의 노력을 다하는 것에 깊은 인상을 받았습니다.

정 대표: 제가 주목한 점은 멘티인 취업준비생이 멘토로부터 도움과 가르침을 받고 난 이후 계속해서 자기 역량을 계발하기 위해 노력한 점입니다. 전공과목을 공부하고 전문교육기관에서 과정을 이수하는 등의 노력을 통해서 다시 한번 입사하고 싶어 하는 니즈를 명확히 표현하고 있습니다. 결국 멘토로부터 어떤 가르침을 배웠고 그것이 나의 성장에 어떤 도움을 주느냐가 관건인데 위 사례는 단순한 멘토와 멘티의 관계를 떠나서 직무를 선택하고 직무 역량을 향상시키는 과정에서 매우 큰 영향력을 발휘했던 멘토의 사례라고 할 수 있습니다.

이 교수: 멘토의 영향력, 즉 멘토로부터 받을 수 있는 가르침의 종류는 매우 다양할 수밖에 없습니다. 직무 역량을 향상하는 계기를 마련해 준다는 부분이 가장 큰 부분일 것이며 이후 감동을 전해주는 부분에 대해서도 많은 언급이 되고 있습니다. 정작 중요한 부분은 멘토로부터 영향을 받는 부분이 반드시 직무에만 국한될 필요는 없다는 점입니다. 본인의 인성 및 가치관 형성에도 도움을 받을 수도 있고 깨달음이나 성장에도 간접적인 영향을 준다면 그 가치는 충분하다고 할 수 있습니다.

3-10) 지원 직무에 적합한 역량

직무를 선택한 이유에 대해서는 앞에서도 우리가 논의한 바가 있습니다. 결국 직무를 선택한 이유가 논리적이고 설득력이 있다면 그것을 곧바로 직무 지원동기로 활용해도 된다고 이야기를 했는데요, 이와 관련하여 지원 직무에 적합한 역량을 얼마나 보유했고 어떤 종류의 역량을 보유했는가를 어필하는 것도 중요한 전략 중 하나라고 생각합니다. 직무에 대한 지원동기가 '내가 왜 이 직무를 선택했는가?'에 대한 객관적이고 논리적인 답변 제시의 성격이 강하다면 지원 직무에 적합한 역량은 '내가 이 직무를 어떻게 잘 수행할 수 있을까?'에 대한 근거를 제시해 준다고 할 수 있습니다.

그렇기 때문에 지원 직무에 적합한 역량이나 경험, 전문성 등을 제시할 때는 객관적이어야 하며 근거로 활용 가능해야 하며 설득력도 함께 갖추어야 합니다. 그렇지 않고 주관적인 느낌 즉 '잘할 수 있다. 혹은 잘할 것이다.'와 같은 뜬구름 잡는 상투적인 멘트는 아무런 효과가 없다고 할 수 있습니다.

네 맞습니다. 그렇기 때문에 해당 질문에 대해서 기술을 할 때는 반드시 용어, 이론, 사례, 근거, 데이터, 숫자 등을 적극적으로 활용해 주어야 합니다. 그렇지 않으면 배가 산으로 가는 상황이 벌어진다든지 혹은 쓸데없이 내용만 많아지는 결과를 불러일으키기만 합니다.

자기소개서 합격을 위한 고도화 전략

 본인이 지원한 직무를 수행하기 위해 그동안 어떤 노력과 도전을 경험했는지에 대해서 기술하시고 해당 직무에 적합한 이유를 역량 측면에서 기술하시오.

저는 콘텐츠 플래너로서 뛰어난 콘텐츠 크리에이터를 선별해서 발굴하고 관리할 수 있는 인사이트와 대인관계 능력을 보유하였습니다. 대학교 저학년 시절 방송반 활동을 하면서 교내 방송반의 PD로서 역량을 발휘했던 경험이 있습니다. 담당 초기 저조했던 시청률 등을 만회하기 위하여 좋은 콘텐츠를 발굴해 내야 했으며 저를 비롯한 작가와 엔지니어, 아나운서들과의 유대감 있는 호흡도 중요하다는 점을 다시 한번 깨달았습니다. 아울러 전달하고자 하는 이슈를 카테고리로 구분하고 각 카테고리를 구성하고 있는 콘텐츠의 신선함과 창의성을 유지하기 위해서 노력하였습니다. 단적으로 '비건 식품과 다이어트'라는 주제로 방송을 하기 위해서는 각계의 다양한 전문가를 직접 만나 인터뷰를 실시했고, 규모가 큰 비건식품 업체의 생산 현장을 모니터링하여 재미있는 콘텐츠나 신기한 주제를 도출해서 운영하기도 하였습니다. 늘 청취자의 기대와 관심을 벗어나지 않도록 동향 파악에 최선을 다하였습니다.

또한 저는 ○○○채널을 운영하여 약 25만 명의 구독자를 보유하고 있는 전문 크리에이터로서의 역할도 수행하고 있습니다. 많은 광고주와 좋은 파트너십을 유지하면서 방송의 구독자들과의 조화를 이루기 위해서 최선을 다하고 있습니다. 단순히 '구독자 수'를 늘리거나 '좋아요 수'를 늘리기 위해서 노력을 기울이는 단편적인 작업이 아닌 궁극적으로 제 방송이 전하고자 하는 가치를 전달하기 위해서 불철주야 노력합니다. 제 방송을 청취하는 고객들을 대상으로 어떤 좋은 콘텐츠를 발굴하고 전달할지에 대한 목표 의식을 분명히 하고 목표 고객을 면밀히 설정하면서 전달하고자 하는 콘텐츠의 가치를 극대화하고자 합니다.

 위 사례는 장점도 확실하고 단점도 확실한 부분이 있습니다. 장점에 대해서는 이 대표님께서 말씀해 주시고 단점에 대해서는 이 교수님께 말씀을 부탁드려도 될까요?

네, 알겠습니다.

그렇게 하도록 하겠습니다.

먼저 저부터 말씀을 드리겠습니다. 위 자기소개서에서 가장 좋았던 부분은 본인의 이야기를 하고 있다는 점이었습니다. 보통 사례 중심으로 이야기를 전개할 때 범하게 되는 가장 큰 오류 중 하나가 본인 중심의 이야기를 해야 함에도 불구하고 다른 사람의 이야기를 한다는 점입니다. 하지만 위 자기소개서는 다른 사람의 이야기를 최대한 배제한 체 본인의 이야기를 중심으로 스토리를 전개해가는 부분이 매우 인상적이었습니다. 한 부분은 방송반 시절의 경험담을 이야기하고 다른 한 부분에서는 콘텐츠 크리에이터로서의 역할에 대해서 충분히 이야기를 해주고 있기 때문에 읽으면서도 지루하지 않았고 고개가 절로 끄덕여졌던 사례라고 할 수 있습니다. 그리고 각각의 사례를 이야기하면서 그 과정에서 있었던 일들이나 깨달음 점에 대해서도 소상히 이야기하는 부분이 매우 솔직하다고 느껴졌습니다. 아울러 각 문단의 마지막 부분을 다짐으로 마무리했는데 이 부분은 나름의 의도가 숨어져 있는 것 같았습니다. 면접에서 추가 질문을 받기 위함이라든지 혹은 자기소개서를 읽는 사람들에게 궁금증을 유발해서 관심을 유도한다든지와 관련된 것이라고 짐작해 봅니다.

3
자기소개서 합격을 위한 고도화 전략

반면 해당 자기소개서에서 다소 아쉬운 점을 찾아보면 다음과 같다고 말씀드릴 수 있을 것 같습니다.

첫째, 제가 처음 위 자기소개서를 접했을 때 유심히 살펴보았던 부분이 '해당 직무에 적합한 이유를 역량 측면에서 기술하시오.'입니다. 그래서 충분히 사례를 이야기한 후 해당 직무에 적합한 나름의 이유를 제시할 것이라고 기대했었는데 그 부분이 충분하지 않아서 다소 아쉽습니다.

둘째, 너무 본인의 경험과 깨달음에만 주안점을 두다 보니 정작 본인이 지원한 직무에서 어떤 경험이나 역량을 요구하는지에 대한 사항을 충분히 검토했는지에 대해 의문이 들기도 합니다. 사례 위주로 이야기를 기술해 나간다는 점은 매우 박수를 받을만한 일입니다. 하지만 그 이면에는 반드시 '질문에 적합한' 사례를 기술해야 한다는 전제도 존재합니다. 그래서 더더욱 사례 위주의 내용을 전개할 때는 유념해야 합니다.

두 분의 의견을 종합해 보면 위 자기소개서는 잘 쓴 편에 속합니까? 아니면 다소 부족한 편에 속합니까?

저는 100점 만점에 85점 정도 주고 싶습니다. 잘 쓴 편이라고 생각됩니다. 근거가 튼튼하니까요.

저는 '조금만 더 가다듬으면'이라는 전제를 달아서 매우 잘 쓴 사례라고 생각합니다.

145

자기소개서 편

> 📋 해당 직무에서 요구하는 자격 사항에 본인이 부합한다고 판단하는 이유를 기술하시오.

　자율전공을 시작으로 IT 경영정보전략을 전공하면서 다양성 있는 역량을 갖추고자 노력하였고 그 노력이 저를 최고의 가치를 지닌 혁신전문가로서의 성장을 꿈꾸게 해주었습니다. 최근 이슈가 되고 있는 콘텐츠 및 서비스 도출과 관련된 높은 이해도를 바탕으로 ○○○의 자회사인 ○○ 서비스에서 6개월간 인턴십을 경험하며 프로젝트를 수행하였습니다. 이를 통해 IT 기업의 실무자들과의 협업을 경험하였고 전공과는 다른 실전 IT기술에 대한 높은 이해와 역량을 함양할 수 있었습니다. 특히 인공지능 및 빅데이터와 관련한 실생활 적용 기술 등을 두루 살피며 제가 IT 기획 전문가로서 갖추어야 할 역량을 꾸려나가는 데 큰 기여를 했다고 생각합니다.

　이러한 포부의 실현을 위하여 우리나라 최대 규모의 ○○○○ 학회 대학생 공모전에 '디지털 리터러시 격차 해소를 위한 스마트 콘텐츠의 방향성'이라는 주제로 수상한 경험을 토대로 연합학회 참석 및 소논문 작성 등을 통해서 역량을 이끌어 올렸습니다. 그 외에도 대학생을 대상으로 하는 ○○청춘 마당에서 전략 기획 공모전을 수상함으로써 IT 기획전문가로서의 초석을 닦았다고 생각합니다.

　그리고 MIS 전공 수업과 관련한 프로젝트를 수행하면서 다수의 전공지식을 바탕으로 일본, 중국, 호주, 태국, 인도네시아 등 아시아 국가의 소비자 성향을 분석하고 시장 트렌드를 읽어 그들의 니즈를 충족시키는 서비스를 구현하고자 하였습니다. 저희 프로젝트가 제안한 솔루션은 별도의 설정이나 작동지시 없이 국경을 지나면 해당 언어권의 국가로 스마트폰 OS 버전이 변화되는 사항이었습니다. 이렇듯 저는 전문적인 기술역량을 보유하고 있고 IT기획자로서의 가치를 충분히 지니고 있다고 생각합니다. 미시적·거시적 관점에서 기획자로서 사고의 폭을 조절할 수 있으며 다양한 분석방법론 등을 활용하여 내·외부 환경 분석을 통한 인사이트를 확보해 낼 수도 있습니다.

정 대표

　제가 생각할 때 보통 역량에 부합하는 근거를 제시하는데 필요한 사항은 이론 30%, 사례 70%라고 생각합니다. 다시 말해 본인이 해당 직무에서 요구하는 역량에 부합한다는 것을 증명하기 위해서는 이론적인 부분에 대해서도 그리고 사례 측면에서도 두루두루 이야기를 해주어야 한다는 말씀입니다. 그런 부분에서 위 사례는 다소 사례에 너무 많은 중점을 두지 않았나 하는 생각을 합니다.

이 대표

그러나 다른 한편으로는 위 자기소개서의 취업준비생이 직무역량을 기르기 위해 노력하는 과정 중 수상했던 경험 등을 중심으로 성과 위주로 작성해 주고 있다는 사실이 인상 깊었습니다. 여기에 더해 어떤 부분이 우수했기에 수상까지 했는지에 대한 구체적인 사실을 조금 더 가미했다면 더욱 우수한 사례가 됐을 것 같다는 생각을 덧붙이고자 합니다. 사실 저는 위 자기소개서 사례를 읽으면서 매우 흥미로웠습니다. 왜냐하면 굳이 이론적인 전문성이나 뭘 배웠는지 등을 이야기하지 않았지만 위 자기소개서의 작성자께서 해당 역량이나 지식, 전문성 등을 충분히 갖추었기 때문에 다양성 있는 행동과 경험을 실행할 수 있었기 때문이라고 믿기 때문이고 기대하고 있기 때문입니다.

이 교수

네, 거기에 더해 구체적으로 프로젝트의 이름이나 제안했던 사항들의 제목 등을 이야기해 주는 것 또한 인상적입니다. 보통은 '다양한 프로젝트를 경험하였습니다.' 등으로 끝내기 마련인데 위의 사례는 그렇지 않고 오히려 사실성을 더욱 부각하는 방향으로 자기소개서를 작성했던 부분이 더욱 우수한 평가를 받을 수 있는 요인으로 작용하였다고 생각합니다.

이 대표

저는 추가적인 부분에 대해서 언급을 드리고자 합니다. 만약 기회가 된다면 위 자기소개서 사례에 IT기획자에게 요구되는 여

러 가지 자격요건 중 몇 가지 주요 사항에 대해서 언급을 해주면 좋을 것 같습니다. 그래서 '이와 같은 자격에는 이렇게 부합되고 이런 자격요건에는 이런 활동을 해서 이런 성과를 올릴 수 있었다.'와 같이 언급을 해주면 나름 체계적이고 정리가 되는 느낌으로써 더 높은 평가를 받을 수 있을 것입니다.

> **본인이 지원한 분야 및 직무에 적합하다고 판단할 수 있는 이유를 기술하시오.**

4차 산업혁명이 바꾸어놓은 산업현장에서 가장 중추적인 역할을 하는 것은 데이터, 인공지능, 로봇이라고 생각합니다. 그렇기 때문에 소프트웨어공학과 기계공학을 복수 전공한 저에게는 또 다른 기회라고 생각합니다.

4학년 1학기 때 임베디드 수업을 수강하면서 '장애인 차량 인식' 관련 자동 주차 탐지 시스템을 구현하였습니다. 자바를 활용한 아두이노와 라즈베리파이를 블루투스 등으로 연결하여 차량 주차 시 번호판을 자동 인식하여 판별할 수 있도록 설계하였고, 공공 데이터 등에서 제공하는 장애인 번호판과 관련된 빅 데이터를 기계적으로 학습시켜 데이터베이스를 구축하였습니다. 이로써 웹캠을 통해 인식된 자동차 번호판이 정상인의 자동차인지 아니면 장애인의 자동차인지를 정확히 판별할 수 있었으며 오차율은 5%가 채 안 됐습니다.

저는 소프트웨어공학 전공자로서 제가 직접 코딩을 할 수도 있고 기존 라이브러리를 맞춤형으로 커스터마이징하여 활용할 수 있는 역량을 두루 갖추고 있습니다. 그렇기 때문에 완성도 높은 프로젝트를 성공적으로 마칠 수가 있었습니다. 그리고 기계공학 복수전공자로서 로봇 및 IoT(Internet Of Things) 등의 구동 원리도 명확하게 인지한 상태이기 때문에 다양한 프로젝트를 변형하여 설계하고 운영할 수 있는 지식적 기반도 충분히 마련하였습니다. 이를 통해 로봇 등 첨단기계를 제어하거나 관리하는 방법을 현장감 있게 배울 수 있었고 소프트웨어 설계 방식에 따라 자동화 체계 및 플랫폼의 효율성이 달라지는 점에서 그 중요성을 함께 깨달을 수 있었습니다.

소프트웨어공학과 기계공학을 복수 전공했다는 점은 저를 다양하게 활용 가능한 가치 있는 인재로 만들기에 충분한 환경을 제공해 주었습니다. 기초 프로그래밍, 알고

3 자기소개서 합격을 위한 고도화 전략

리즘 설계 및 구현, 빅 데이터 분석 및 해석, 자동화 플랫폼 및 솔루션에 대한 이해, 기계 설계 및 운용 등의 역량을 충분히 발휘하여 인정받는 인재로 계속해서 성장해 나가도록 하겠습니다.

이 교수

위 자기소개서의 작성자는 복수전공을 경험한 자로서 매우 자신감 있는 태도를 보여주고 있습니다. 두 분의 의견은 어떠한가요?

이 대표

자기소개서를 읽으면서 복수전공을 했다는 점에 대해서 매우 긍정적인 입장을 유지하는 것과 더불어 그 전공들을 통해 배우고 경험하고 성과를 나타낸 부분에 있어서 매우 주도적인 느낌을 받았습니다. 그리고 이 두 개의 전공영역을 합친 프로젝트를 성공적으로 수행한 부분을 부각하면서 본인이 지닌 역량과 가치를 계속해서 강조하고 있는 모습은 정말 인상 깊었고 좋은 사례라고 생각합니다.

정 대표

그런 측면에서 저는 98점을 주고 싶습니다. 나머지 2점은 직무와 관련한 계획이라든지 포부와 관련한 부분을 언급해 주면 더 좋을 것 같아서 드리는 말씀입니다.

이 대표

네 저도 그 부분에 대해서 공감하는 바입니다.

이 교수

뭔가 허전하다고 생각하고 있었는데 바로 그 부분이군요. 위 자기소개서의 작성자는 본인이 멀티플레이어로서 다양하게 코딩도 할 수 있고 설계 및 기획도 할 수 있다는 점을 충분히 어필

하고 있다고 생각합니다. 그만큼 본인의 활용성을 이야기하는 부분이겠지요. 그리고 이 부분에서 절대로 놓치지 말아야 하는 것은 본인의 성장 계획도 함께 이야기해 주는 것이 필요하다는 점입니다.

정확한 말씀입니다.

그 부분은 강조에 강조를 거듭해도 부족함이 없을 정도로 중요하다고 생각합니다.

앞에서 보았던 자기소개서의 사례를 다시 한번 살펴보시죠.

 지원한 직무와 직접적으로 혹은 간접적으로 연결되는 본인의 역량을 발휘했던 경험을 기술하시오.

자동차 관련 워크숍 참가를 통해 인포테인먼트 기술, 친환경 자동차, 스마트 카와 같은 자동차의 미래를 알게 되었습니다. 이를 미리 준비하고 공부해 보고자 로봇 제작에도 참여했었습니다. 저는 'SLAMER(지하 내부 지도 작성을 위한 관로 탐지 로봇)'를 만들어 ○○에서 개최한 한국 ○○○○ 경진대회와 ○○대학교 지능형 장착로봇 대회에 지원하였습니다. 그러나 대회를 준비하기 위해 어려움이 매우 많았습니다.
구동 및 제작을 위한 기계공학적 지식, 회로 제어를 위한 전자공학적 지식, 코딩을 위한 컴퓨터공학 관련 지식 등 전공에서 배우지 않은 다양한 지식이 필요하였지만, 첫 대회 준비이었기 때문에 이를 해본 적이 없었습니다. 게다가 다른 팀원들은 팀원의 충원이 필요하지 않다고 생각해 경험도 없는 이의 참여는 오히려 방해될 것으로 생각하는 분위기였고 만일 방해가 되면 6개월 남짓 남은 대회를 준비할 수 없는 그런 상황이었습니다.

    팀에 참여하기 위해 현재 진행 중인 로봇의 문제점 업그레이드 방안을 제안했습니다. 당시 정밀한 위치 파악이 안 되어 지도를 그리는데 문제점이 많았고 이는 로봇의 구동과는 큰 연관이 없어 추가적인 부분이었습니다. 게다가 팀원 모두 기계공학과 학생이어서 제어 및 코딩 관련 분야에 쉽게 접근하지 못하였습니다. 따라서 이를 제가 맡기로 하여 팀에 참여하였습니다. 이후 효과적인 준비를 위해 경험자들의 조언을 바탕으로 AT mega 128제어와 AVR Studio를 이용한 코드 작성, MFC 통신을 이용한 지도 제작, 센서값을 얻기 위한 Serial 통신, MATLAB을 통한 시뮬레이션 구현 등 필요 목록을 작성하여 우선순위를 정해 공부하였습니다. 이러한 공부를 바탕으로 정밀 위치를 파악하는 부분을 총 담당하였고 최종적으로는 로봇 내부에서는 인코더, 외부에서 초음파 센서를 사용하여 값을 얻고 이를 확장 칼만 필터(EKF)라는 이론을 이용하여 정밀한 위치를 얻는 데 성공하였습니다.

    처음에는 불가능한 일이라고 생각되는 일도 포기하지 않고 차근차근 수행하여 결국에는 성취하는 모습을 통해 저는 반대를 이겨내고 주어진 일을 확실히 수행하는 같이 일하고 싶은 팀원, 믿고 맡길 수 있는 팀원이 되었습니다. 저는 새로운 분야에 도전하는 도전 정신이 있습니다. 또한, 맡은 분야에서는 포기하지 않고 원하는 결과를 도출해 내는 능력이 있습니다. 게다가 로봇 제작을 위한 다양한 전공을 공부하였고 이를 통해 미래 자동차가 추구하는 스마트 카의 요구 사항을 알고 주도적으로 해나갈 수 있는 시야도 확보하고 있습니다.

    이처럼 저는 설계 분야의 능력을 강화하고자 다양한 설계 툴을 다루어 보았고 미래 자동차의 준비를 위해 로봇을 제작하여 보았습니다. 이러한 경험은 자동차를 이해하는 데 더 큰 장점이라 생각합니다. 지속적인 자동차에 대한 관심과 노력, 경험을 통해 저는 현재의 ○○○○○에서 미래의 ○○○○○를 이끌어갈 인재가 되고 싶습니다.

저는 위 자기소개서를 읽으면서 무엇보다 희생정신과 리더십이 느껴졌습니다. 이 부분에서 좋은 인상을 받았습니다. '첫 대회 준비이었기 때문에 이를 해본 적이 없었습니다. 게다가 다른 팀원들은 팀원의 충원이 필요하지 않다고 생각해 경험도 없는 이의 참여는 오히려 방해될 것으로 생각하는 분위기였고 만일 방해가 되면 6개월 남짓 남은 대회를 준비할 수 없는 그런 상황이었습니다. 팀에 참여하기 위해 현재 진행 중인 로봇의 문제점 업그레이드 방안을 제안했습니다.'라는 부분인데요, 왜냐하면 처음에는 팀에 합류하지 못했지만 팀에 합류하고 싶어서 좋은 아이디어를 가지고 제안했다는 부분이 매우 자기 희생적이고 열정적이라고 느껴졌기 때문입니다. 그리고 '게다가 팀원 모두 기계공학과 학생이어서 제어 및 코딩 관련 분야에 쉽게 접근하지 못하였습니다. 따라서 이를 제가 맡기로 하여 팀에 참여하였습니다.'라는 부분은 비록 본인도 경험하지 못한 부분이지만 오로지 팀을 위해서 희생하고자 하는 모습이 굉장히 감동적이라고 할 수 있습니다. 사실 공대생이 본인 전공과 기술 외에 다른 전공이나 기술을 단기간에 학습하고 이를 프로젝트에 적용한다는 점은 쉬운 일이 아닙니다. 매우 정교해야 하고 기술적인 이해도가 높은 상태여야 하기 때문입니다. 그러나 위 자기소개서 작성자는 이를 수행하기로 결심했고 결국엔 해냈습니다. 이와 같은 스토리 전개를 통해서 다소 딱딱해질 수 있는 스토리의 뉘앙스도 매우 인간미 넘치고 협동심이 단단하고 리더십이 충분히 느껴지는 스토리로 탈바꿈했다고 생각합니다.

이 교수: 그렇습니다. 그 부분에 대해서는 저도 이견이 없습니다. 프로젝트 리더가 행해야 할 행동적인 부분이나 마음가짐 등에 대한 사항이 아주 자연스럽게 녹아 있다고 생각합니다.

정 대표: 그래서 위 자기소개서가 높게 평가받는 이유이기도 합니다.

이 대표: 그리고 작성자가 언급한 'AT mega 128제어와 AVR Studio를 이용한 코드 작성, MFC 통신을 이용한 지도 제작, 센서값을 얻기 위한 Serial 통신, MATLAB을 통한 시뮬레이션 구현' 등도 사실 쉬운 기술이 아닙니다. 그렇기 때문에 매우 기술적으로 기초가 탄탄하고 기본기가 잘 정립되어 있는 느낌을 많이 받습니다.

3-11) 최근 이슈와 본인의 생각

이 대표

최근 한 기업에서 자기소개서의 문항으로 최근 이슈와 이에 대한 본인의 생각을 물어보았고 이는 업계에서 신선한 시도로 평가받았습니다. 이에 대해서 두 분의 입장은 어떤지 여쭙고자 합니다.

정 대표

보통 면접에서도 시사와 상식 분야의 질문을 많이 합니다. 왜냐하면 지원자의 관심 분야 혹은 지원 분야와 관련한 다양한 내용의 상식을 물어봄으로써 지원자의 의지나 성향을 파악할 수 있기 때문입니다. 그런 측면에서 해당 질문은 매우 현실성 있는 내용이라고 평가할 수 있고 나아가 지원자의 소양이나 역량을 간접적으로 파악할 수 있는 중요한 사항이라고 판단됩니다.

이 교수

저도 해당 질문은 대단히 중요한 사항이라고 판단하고 있습니다. 취업역량은 보통 전공지식, 기술, 전문성 등과 관련된 사항이라고 많이 간주합니다. 하지만 시사와 상식적인 부분의 역량 또한 무시할 수 없는 비중을 차지한다고 할 수 있습니다. 그러므로 많은 전문가께서 신문을 많이 읽고 상식과 관련된 혹은 이와 관련한 정보를 많이 탐색하라고 조언을 하고 계십니다. 그러한 측면에서 저는 해당 문항을 통해서 종종 지원자의 노력과 열정을 파악하고 있습니다.

자기소개서 합격을 위한 고도화 전략

> 최근 사회적/기술적/환경적 이슈 중 본인이 관심을 가지는 부분을 선택하고 이에 관한 자신의 견해를 기술하시오.

글로벌 리서치 전문 기관의 자료에 따르면 우리나라의 평균 기대수명은 89.7세로서 최근 10년간 약 8.6세 증가하였다고 합니다. 매우 긍정적인 소식을 전함과 동시에 초고령화 사회로의 진출을 경고하기도 하였습니다.

우리나라가 초고령사회로 접어들면서 각종 보장 및 치료 지원 제도 등에 대한 전반적인 개선도 필요하다고 생각합니다. 바이오산업은 매해 엄청난 성장을 이루는 데 반해 우리 실생활에서 그 혜택을 충분히 누리기도 어려운 상황입니다. 특허 기간이 종료된 약품을 이용하여 만든 바이오 시밀러 시장도 매우 괄목할 성장세를 나타내고 있으나 아직까지 활용도는 저조하다고 생각합니다.

최근 한 선진 국가의 정부에서는 노인들을 위한 사회복지 정책을 전면 개편한다는 뉴스를 접하였습니다. 이를 통해 우리나라도 시대의 변화에 걸맞은 그리고 사용자 수요를 충족시키는 방향의 정책을 펼쳐야 한다고 생각합니다.

같은 맥락으로 다양한 산업의 부흥을 증진하기 위해 노력하고 있는 점에 더해 노인분들의 삶을 더욱 행복하고 건강하게 만드는 기술을 선보이는데도 심혈을 기울여야 할 것입니다.

저의 관점에서 위 자기소개서의 사례는 다소 밋밋하다는 느낌을 받습니다. 왜냐하면 문단마다 다른 소재를 이야기하면서 접근하는 방식은 매우 좋았으나 그 이후에 각 사안에 대한 자세한 내용이 미흡하다는 점이 많이 아쉽습니다. 가령 바이오 시밀러 시장에 대해서 언급을 했고 그 시장의 활용도가 아직은 저조하다고 판단을 했으면 그렇게 판단을 하게 된 이유는 무엇이었으며 앞으로 어떻게 하면 좋을지에 대한 이야기를 해주어야 합니다.

이 대표

저도 마찬가지 입장입니다. 노인분의 삶을 더욱 행복하고 건강하게 만드는 기술을 선보이는데도 심혈을 기울여야 한다고 이야기를 했습니다. 그렇다면 이와 관련한 본인의 견해는 어떤지에 대해서도 언급을 해줘야 할 필요성이 있습니다. 그렇지 않는다면 막연한 문장의 나열로만 머물고 의미 없는 문장이 될 가능성이 농후합니다.

이 교수

아, 그렇군요.

이 대표

네, 그렇습니다.

정 대표

여기에 더해 첨언을 드리도록 하겠습니다. 글의 서두에 글로벌 리서치 기관명을 언급해 주는 것이 어떨까 싶습니다. 왜냐하면 더욱 사실에 기반한다는 느낌을 줄 수 있고 그만큼 신뢰를 얻을 수 있기 때문입니다.

3-12) 창의적으로 (기술적/이론적) 문제를 해결한 경험

 시대별로 구분된 인재에 관한 정의를 살펴보면 '창의성'은 매우 중요한 개념입니다. 인재 1.0부터 인재 4.0까지의 역사적으로 전개해 온 내용을 살펴보면 다음과 같은데요, 시대가 변할수록 창의성을 중요하게 여기고 있음을 확인할 수가 있습니다.

인재 1.0	성실과 책임감, 자율의식
인재 2.0	전문지식과 노하우
인재 3.0	전문기술과 가치
인재 4.0	문제해결력과 창의성

위 그림에서도 확인할 수 있듯이 성실과 책임감, 자율의식으로 시작으로 전문지식과 노하우, 전문기술과 가치, 문제해결력과 창의성의 순서대로 발전을 해왔습니다. 그만큼 현시대에서 요구하는 인재상의 핵심은 창의성이며 창의적으로 문제를 해결하고자 하는 노력과 행동력은 매우 중요한 발전 요인 중 하나라고 생각합니다.

 창의력을 성장시키기 위해서 노력을 기울였던 사례라든지 창의성을 발휘하여 문제를 해결하고자 했던 경험 등은 근래에 들어 매우 비중 있게 다뤄지는 질문 중 하나입니다. 물론 면접이나 자기소개서를 불문하고 비슷한 비중으로 다루어집니다.

> 평소 남다른 아이디어를 통해 창의적으로 문제를 해결했던 경험을 기술하시오.

평소 봉사활동을 즐겨 하는 저는 봉사활동의 목적은 '행복'이라고 생각합니다. 그렇기 때문에 저는 주로 저보다 신체적으로 다소 부족한 분들을 돕는 봉사활동에 집중하였고 그 과정에서 행복을 충분히 느끼고자 노력하였습니다. 하지만 이런 유형의 봉사활동은 봉사를 하는 사람과 봉사를 제공받는 사람 간 유대감 형성에 매우 많은 시간이 걸린다는 점에서 심리적으로, 물리적으로 많은 부담감이 존재하는 것 또한 사실입니다. 그래서 초기의 다짐과는 달리 예상하지 못했던 상황이 많이 발생하곤 합니다.

제가 담당했던 봉사의 내용은 언어능력이 다소 부족한 저학년 학생들을 위해서 인공지능 로봇과 대화하는 방법을 알려주는 것이었습니다. 하지만 해당 로봇의 작동법을 알아야 하는데도 시간이 걸렸을 뿐 아니라 언어능력이 다소 부족한 저학년 학생들의 발음을 로봇이 알아듣고 해석하는 데도 오류가 발생하는 등의 어려움이 있었습니다.

하지만 저는 포기하지 않았습니다. 이 학생들은 말을 하는 데는 어려움을 겪었지만 손으로 글을 쓰는 데는 어려움을 겪지 않았기 때문입니다. 그래서 한 업체에서 개발한 손글씨 읽어주는 서비스를 대체재로 활용하였고, 언어장애를 지닌 저학년 학생들의 만족도는 크게 증가하였습니다.

한 번의 활동으로 끝나는 봉사활동도 의미가 있지만 봉사활동의 진정한 가치는 연속성이라고 생각합니다. 저는 앞으로 이들이 고학년이 될 때까지 계속해서 제 역량과 창의성을 다하여 돕는 일에 주저함이 없도록 노력하겠습니다.

위 자기소개서의 내용을 살펴보면 작성자의 '빠른 판단력'과 '창의적인 접근'이 문제를 해결하는 데 매우 중요한 역할을 했다고 생각합니다. 끈기와 진정성이 없는 봉사활동가라면 쉽게 포기했을 법한 상황임에도 불구하고 끝까지 함께하고자 노력했다는 점이 매우 감동적이고 언어장애를 지닌 학생들의 행복을 위해서 신속하게 문제를 해결하고 대체재로써 보완한 점은 매우 모범적인 사례라고 할 수 있습니다.

언어능력이 다소 부족한 저학년 학생들이 느꼈을 부담감과 거리감을 적극성과 창의력을 해소했던 아주 좋은 사례라고 할 수 있습니다.

특히 언어능력의 다소 부족함으로 인하여 발생했던 기계오류는 다른 관점에서 다소 난감한 문제라고도 할 수 있었을 텐데 매우 현명하게 대처했다는 느낌이 듭니다.

취업 전형에서 가장 필요한 요소 중 하나인 '순발력'을 제대로 발휘했던 경험이라고 할 수 있겠습니다.

순발력은 정말 중요한 것 같습니다. 특히 면접에서요.

3-13) 팀 및 단체활동을 통한 역량 발휘 경험

회사에 취업을 해서 일을 하다 보면 경우에 따라 다양한 프로젝트에 투입이 되는 경우가 많이 있습니다. 즉 개인적으로 일을 처리하는 경우도 있지만 팀 혹은 단체를 이루어 과제를 해결하기 위한 경우도 많이 발생합니다. 이럴 경우를 대비하여 취업준비생은 학창 시절에 다양한 팀 과제나 프로젝트 등을 미리 경험해 놓는 것이 바람직할 것입니다. 왜냐하면 경험적인 부분이나 성과 창출 부분에서 굉장히 도움이 많이 되기 때문입니다.

네, 그리고 팀 혹은 단체활동을 통해 문제를 해결하거나 역량을 발휘했던 경험을 묻는 질문은 항상 중요하다고 생각하면 됩니다. 최근 기업에서 요구하는 인재는 '즉시 전력감'입니다. 다시 말해 입사와 동시에 이루어지는 장기간의 직무교육이나 멘토링 등을 통한 성장도 중요하지만 입사와 동시에 즉시 업무 혹은 프로젝트에 투입되어 활용할 수 있는 인재를 선호한다는 점입니다. 이 부분이 최근 채용 트렌드 중 중요한 사항이라고 할 수 있습니다. 그래서 팀 활동을 통한 성과 창출 경험은 간과할 수 없는 매우 중요한 항목이라고 할 수 있습니다.

네 맞습니다. 우리 회사에서도 직원을 채용할 때 많은 경험을 통해 성장한 인재를 매우 선호하는 편입니다. 그래서 학창 시절에 다양한 경험은 취업준비생에게 매우 중요한 자산이라고 할 수 있습니다.

3. 자기소개서 합격을 위한 고도화 전략

> 팀 활동을 통해 문제를 해결했거나 본인의 역할 수행 등을 통해 역량을 발휘했던 경험을 기술하시오.

대학교 3학년 시절 모 금융회사의 재능기부 프로젝트를 통해서 초등학교 학생들을 대상으로 꿈나무 열린 교실의 멘토로서 참여했던 경험이 있습니다. 초등학교 5학년 혹은 6학년을 대상으로 진로와 관련하여 다양한 이야기를 나누고 상담을 하는 등 매우 다채로운 프로그램으로 구성되었습니다.

금융회사의 프로그램이었던 만큼 금융업계와 관련한 진로 교육이 주를 이루었고 저축의 중요성과 경제관념의 형성 등과 관련한 사항에 대해서도 교육을 실시하였습니다. 하지만 아직 어린 학생들이었기 때문에 이론적인 부분은 지루하고 어려워할 것 같아서 카드 게임을 비롯하여 다양한 실습과 놀이 위주로 교육을 구성하였고, 참여 학생들로부터 대단히 만족스러운 반응을 이끌어내었습니다.

어린 학생들을 대상으로 하는 교육이니만큼 신중한 내용 선정과 교육 방식이 매우 중요하였습니다. 그래서 매 수업 전 철저한 사전 미팅 등을 통하여 역할 분담을 실시하였고 저는 프로그램 기획과 상담을 담당하였습니다. 상담을 하는 동안 그동안 어린 줄로만 알았던 학생들의 경제관과 관심에 매우 놀랐고 이는 심층적인 지도로 이어졌습니다.

저의 이러한 노력과 우리 팀의 헌신은 교육대상자의 만족도 조사에서 95%의 참여자가 매우 만족하였고 교육 후의 성과가 매우 상승하였던 적이 있었습니다.

이 교수

위 자기소개서는 매우 평이한 내용과 접근이라고 생각이 듭니다. 창의적이거나 독창성을 가미한 내용과는 다소 거리가 있지만 팀 내에서 본인의 역할을 충실히 수행했다는 점에서 매우 성실하다는 느낌을 받았습니다. 아울러 본인에게 주어진 역할에 최선을 다하기 위하여 교육마다 새로운 교육 방식을 강구하고 아이디어를 제시하는 등의 역할은 꾸준한 자기성찰과 성장을 위한 마중물이 될 것으로 사료됩니다.

정 대표: 네, 저도 그 부분에 대해서 이 교수님과 동일한 생각입니다. 왜냐하면 팀의 안정적 운영과 효과적인 교육과정 설계 및 관리를 위하여 단합하고 똘똘 뭉치고 각자 맡은 역할에 최선을 다하는 모습을 보여주기에 충분했다고 생각이 듭니다. 그래서 위 자기소개서는 평이함 속에서의 굳건함이 느껴지는 사례라고 할 수 있습니다.

이 대표: 저는 조금 다른 관점에서 접근을 해보고자 합니다. 위 사례의 작성자는 어린 학생들을 대상으로 하는 교육이니만큼 카드 게임 등을 고안하고 실행에 옮겼습니다. 사실 이는 누구나 다 생각할 수 있는 아이디어라고 생각합니다. 희소성 측면에서 다소 아쉽지만 본인의 역할을 충실히 수행하고자 했던 노력에는 긍정적인 점수를 주고 싶습니다.

이 교수: 그런 관점으로도 평가할 수 있었군요.

정 대표: 저도 다시 한번 새로운 관점으로 살펴봐야 하겠습니다.

3-14) 아이디어를 실현시켰던 경험

회사에 취업을 해서 각자 맡은 일을 하다 보면 업무와 직접적으로 연결되거나 혹은 기타 다양한 이유로 인하여 아이디어를 발휘해달라는 요구를 받게 됩니다. 그렇기 때문에 평소 아이디어를 도출하고 제안하여 실행시키는 연습이 매우 중요하다고 생각합니다.

> **차별화된 아이디어를 현실에서 실현했던 경험에 대해서 기술하시오.**
>
> 솔루션과 관련한 설계 관련 문제에 직면하게 될 땐 무작정 상상하기보단 TRIZ 분석 이론에 기반해 창의성을 접근하고자 했습니다. 종합설계과제를 진행할 때 TRIZ기법 중 '분리'기법을 통해 제품의 특징을 살리고자 한 적이 있습니다. 저희 팀은 센서를 통한 대형 자동 압축 음식물 쓰레기통을 제작했습니다. 하지만 센서 기반의 압축 쓰레기통 자체가 이미 식상한 소재 중 하나이기 때문에 저희 제품만의 특징을 보여주지 못했습니다.
>
> 팀 내부에서도 문제를 인지했고 아두이노를 통해 압축 효율을 어떻게 향상시킬지에 대해서 기본적인 성능을 중심으로 고민했습니다. 하지만 저는 TRIZ 기법 분리를 바탕으로 두 개의 연관성을 나누는 방향으로 생각해 보았습니다. 제품의 특징과 압축 효율을 각각 다른 방향으로 만족시키고자 한 것입니다.
>
> 첫째, 아두이노의 센서로부터 제품의 작동과 관계된 주파수 변화를 수집 받아 쓰레기통의 고장 여부를 사전에 감지하여 사전 교체 서비스를 제공해 제품의 특성을 살리고자 했습니다. 또한 분포된 지역의 제품 가동률을 기반으로 음식물이 배출되어 나오는 곳을 특정하여 주요 고객인 구청에 감축 Solution을 제공하여 압축력만 제공하는 쓰레기통이 아닌 Solution을 제공하는 스마트화된 제품을 구상한 것입니다.
>
> 둘째, 압축 효율에 관해서는 모듈화와 설계변경을 제안했습니다. 압축 효율을 위해 아두이노를 활용하기보다 쓰레기와 직접 맞닿은 액추에이터의 형상 재설계를 통해 향상시키고자 했습니다. 음식물의 수분 제거와 분쇄 효율을 극대화할 수 있는 액추에

이터를 추가로 제작하고 상황에 따라 교체가 용이하도록 재설계를 진행했습니다.

비록 프로그래밍에 실패하여 미완성에 그쳤지만 모듈식 액추에이터 설계와 향후 데이터 기반의 서비스 제공을 통한 비즈니스모델 창출로, 저희 제품 컨셉을 확실히 하는 데 성공했고, 교수님께 좋은 평가 받아 A+학점을 받을 수 있었습니다. 이와 같이 분석적으로 창의력을 활용하여 공정 설비의 신뢰성을 확보할 수 있도록 하겠습니다.

창의적 문제해결 기법인 TRIZ는 약 40여 개의 문제해결 방법을 제시하는 창의적인 문제해결 기법입니다. 이 중 '분리'라는 기법을 활용하여 전체적으로 설계하고 구현하고자 노력했던 사례라고 할 수 있습니다. 기술적인 관점에서 문제를 해결해나가고자 하는 과정이 매우 상세하게 드러나 있고 그 과정에서 본인의 아이디어 제안부터 설계, 구현까지의 노력이 매우 구체적인 부분이 인상적이라고 할 수 있습니다.

저는 100점 주고 싶습니다.

이유가 무엇인가요, 이 대표님?

결론부터 말씀드리면 위 자기소개서 상의 프로젝트는 작은 실패에 그쳤습니다. 결론적으로 센서 기반 압축 쓰레기통을 구현해 내지 못했음을 나타내고 있습니다. 그럼에도 불구하고 실패를 깨끗이 인정하였고 어떤 부분이 부족했는지에 대한 사항도 기술하고 있습니다. 사실 자기소개서에서 실패를 인정한다는 점이 매우 부담스럽고 쉽지 않은 부분인 것은 확실합니다. 하지만 위 자기소개서의 작성자는 그 부분에서 자연스럽고 능동적으로 의사 표현을 하였습니다. 그런데 프로젝트를 진행하는 과정을 살펴보면 기술과 이론의 접목이 매우 자연스럽게 이루어졌고 스토리의 전개가 기승전결 구조를 이루며 각 전공용어와 이론, 기술 등에 대한 언급이 매우 다채롭게 이루어지고 있다는 점에서 100점을 주고 싶습니다.

저도 이 대표님의 의견에 100% 동의합니다. TRIZ 기법 중 분리는 매우 간단한 사례로도 말씀을 드릴 수가 있습니다. 주사기와 주사침의 분리, 볼트와 너트의 분리 등 그 수는 헤아릴 수 없이 많지만 해당 기법을 압축 쓰레기통을 제작하는 데 사용할 줄은 예상하지 못했습니다.

자기소개서 작성 기법 중에 '반전의 매력'이라는 것이 있는데요, 위 자기소개서의 사례가 바로 반전의 매력을 제대로 보여주는 것이라고 생각합니다.

네, 맞습니다. 반전의 매력을 효과적으로 사용하면 오히려 좋은 부분을 더 부각할 수 있어서 효과적입니다.

3-15) 목표 달성을 위해 노력했던 경험

회사에서 일을 하다 보면 KPI(Key Performance Indicator)를 수립하여 연간 성과를 평가받거나 업무 목표를 세웁니다. KPI란 내가 담당하고 있는 직무의 성과를 도출하는 데 필요한 정량적인 주요 지표로써 예를 들면 영업이익률 2% 향상, 신규 고객 확보 5건 이상 등에 해당하는 수치화된 목표 및 기대 성과라고 할 수 있습니다. 이렇듯 회사에서의 직무를 수행한다는 것은 성취해야 할 목표가 있고 이를 달성하고자 노력하는 과정이 일을 수행하는 것이라고 할 수 있습니다. 그래서 '목표 달성을 위해 노력했던 경험'과 관련하여 나의 경험 등을 잘 설계하고 관리하는 것은 취업준비생의 경력관리 등에도 매우 도움이 되는 사항이라고 할 수 있습니다. 가령 취업을 준비하면서 본인의 경력이나 경험을 일지 형태의 양식을 통해 관리하면서 가치를 부여해 본 적이 있는 자와 그렇지 않은 자와의 격차는 갈수록 커질 수밖에 없습니다.

네, 맞습니다. 회사원으로서 그리고 사회인으로서 일을 한다는 것은 항상 목표를 달성하기 위해서 궁리하고 노력해야 한다는 점은 우리 모두가 알고 있습니다. 다만 그 과정에서 어떻게 평가받고 피드백 받는지에 대한 사항에 대해서는 보다 심층적인 논의가 필요한 사항이기도 합니다.

3 자기소개서 합격을 위한 고도화 전략

정 대표

그러한 관점에서 목표 달성을 했던 경험을 질의한다는 것은 일을 스스로 계획·설계·실행·관리하는 측면에서 취업준비생의 역량을 확인하고자 하는 사항입니다. 그렇기 때문에 해당 질문에 답을 할 때는 일과 관련된 이야기를 처음부터 끝까지 함과 동시에 목표치에 대한 객관적 달성 여부 및 소회 등도 함께 언급돼야 합니다.

> **스스로 목표를 세우고 끈질기게 성취한 경험에 대해 기술하시오.**

5대 역학과 기계 설계 과목을 수강하며 기계 Mechanism에 대한 이해를 높였고, 기계 기술에 대한 기초 직무 이해를 위해 4학년 여름방학 5주간 미국 ○○○주립대학교 프로젝트에 도전했습니다. 이 경험을 통해 혁신적인 아이디어뿐만 아니라 원가절감까지 고려하는 기계 기술 엔지니어의 기본자세를 배울 수 있었습니다.

저는 메카닉 2팀의 팀장으로서 2주간 메카닉 1팀과 하프 스케일의 서스펜션 개선 협업, 3주간 단독 스몰 스케일 가이드 트랙의 재설계를 담당했습니다. 서스펜션 개선은 메카닉 1팀의 메인 업무였기 때문에 업무 흐름의 개선을 위해 보조역할을 수행했습니다. 1팀의 더 나은 성과를 위해 부착 서스펜션의 개수, 승객의 승차감을 위한 설계에 대한 고민을 함께했고, 직접 CATIA를 활용해 서스펜션을 부착할 캐빈(Cabin)을 모델링 해주었습니다.

이후, 3주간은 스몰 스케일 가이드 트랙을 재설계했습니다. 기존의 트랙은 부품 간 조립성이 낮아 보기(Bogie)의 조향에 따라 낙하 사고가 우려됐기 때문입니다. 팀원들과 시뮬레이션을 하며 사고가 발생할 유력한 지점에 대한 정보를 수집했고, 개선을 위한 브레인스토밍을 했습니다. 기존 트랙은 부품 간 조립성에 문제가 생겼다는 것에 착안하여 트랙 자체에 결합 부위가 있는 레고형 부품을 CATIA로 모델링하여 아이디어를 제시했습니다. 하지만 예산의 문제로 구현할 수 없었습니다. 이후에도 낙하 방지를 위한 트랙의 변화를 꾀했지만, 생산 비용이라는 한계로 수차례 다시 생각해야 했습니다. 그 결과 낙하 우려 지점에 낙하 방지 트랙을 덧대는 아이디어를 CATIA로 옮겼고, 원가가 절감된 모델링을 완성했습니다. 이 경험으로 개선과 재설계 과정에서 혁신적인

> 모델링뿐만 아니라 원가절감과 생산에 대한 고민까지 해야 한다는 것을 알았습니다.
> 개선을 위한 혁신적인 아이디어와 원가절감에 대한 사고는 기계 기술 직무를 수행함에 있어 문제해결과 수익성 재고에 도움을 줄 것이고, 능동적 해결 역량으로 발전할 것이라고 확신합니다. 이와 같은 인턴 생활을 통해 경험을 통해 배운 기계 기술 엔지니어의 자세를 실천하여 생산성 향상의 성과를 내겠습니다.

이 대표

매우 사실적이고 논리적이고 객관적인 자기소개서라고 할 수 있습니다. 미국 대학에서의 경험과 그 경험을 토대로 한 깨달음까지 언급하면서 모델링까지 성공한 사례에 대해서 너무 좋은 인상을 받았고 높게 평가하고 싶습니다. 엔지니어로서의 역할 분담과 역할 수행 그리고 프로젝트의 일부 과정에 대한 심층적인 내용 설명과 과정에 대한 기술을 통해 읽는 이에게 충분한 내용 전달이 가능하게 해줍니다. 다만 아쉬운 사항은 이러한 중요한 프로젝트를 수행하면서 각 팀마다 할당된 목표 업무가 있었을 텐데 이 사항에 대한 성과 지표가 언급되지 않은 점입니다. 그리고 원가가 절감된 모델링을 완성하면서 어떤 깨달음을 얻었던 부분에 대해서도 마찬가지입니다. 우리가 궁금한 사항은 '어떤 기술을 혹은 어떤 로직을 어떻게 설계하고 적용, 변경하였기에 좋은 성과를 낼 수 있었을까?' 혹은 '원가 절감이 어느 정도 됐길래 효율적이라고 하는 것일까?'와 관련된 사항입니다. 그러나 이 부분에 대해서는 충분한 설명이 이루어지지 않아서 다소 아쉽다고 판단됩니다. 그리고 또 하나 인상 깊었던 부분은 레고 형태의 부품 도입, 트랙 변경 등이 예산상의 이유로 실패했다는 점을 이야기한 사항입니다. 단순한 실패의 내용이 아니라 이를 통해 더욱 다른 관점에서 일을 접근할 수 있었고 결국에는 완성했기 때문입니다. 즉 실패가 아닌 성공의 발판으로써 역할을 다 했다고 생각이 듭니다.

위 자기소개서 사례에 해당 프로젝트의 기대효과나 일의 목표 등도 함께 언급됐다면 더욱 좋았을 것 같다는 생각이 듭니다. 왜냐하면 '성공' 혹은 '완성' 등을 판단할 때에는 근거가 필요하기 때문입니다. '어떤 기준을 적용했더니 성공 혹은 완성했다.'와 같은 사항에 대해서 항상 이야기가 되어줘야 합니다.

저는 위 자기소개서가 매우 잘 쓴 편에 속한다고 생각합니다. 앞서 유사한 사례가 있듯이 프로젝트를 이야기하면 프로젝트만 이야기하고 이벤트를 이야기하면 이벤트만 이야기해야 하는 것이 자기소개서 작성의 원칙 중 원칙입니다. 이렇듯 위 자기소개서는 프로젝트의 세부적인 내용에 대해서 아주 진중한 접근을 하고 있고 세세하게 이야기를 풀어나가고 있습니다. 이 부분이 굉장한 모범사례가 된다고 할 수 있습니다.

3-16) 본인만의 차별화된 강점 활용 사례

 취업준비생 개인은 누구나 자기만의 강점을 지니고 있습니다. 어떤 강점을 지니고 있느냐에 따라서 지원하고자 하는 직무가 달라지고 해당 직무를 얼마 만큼 잘 수행할 수 있느냐도 달라진다고 할 수 있습니다. 그래서 자기 강점을 잘 어필하는 것도 하나의 좋은 전략이라고 할 수 있습니다.

 네, 그렇습니다. 단순히 자기 자랑을 하기 위하여 강점을 어필하라는 뜻이 아니라 지원 직무 혹은 목표를 수행하거나 달성하는 데 필요한 요소를 얼마만큼 잘 갖추었는지에 대한 사항을 파악하는 것이 핵심이라고 할 수 있습니다. 가령 '○○○를 잘한다.'는 단순한 나열이라고 한다면 '○○○에 대해서 관련 자격증을 보유했고 실험 및 실습과제를 수차례 실시하면서 기술 메커니즘을 획득하였습니다.'와 같이 충분히 설득적이고 논리적인 사항이 강점 어필이라고 할 수 있습니다. 굳이 ○○○을 잘한다고 강조하거나 말을 하지 않아도 '아 충분한 역량을 보유했구나'라고 충분히 이해할 수 있기 때문입니다.

 네, 맞습니다. 그리고 경쟁자와 비교했을 때 자기만의 차별성을 부각해야 하는데 사실 경쟁자와 비교할 만한 잣대를 찾기가 매우 어렵습니다. 왜냐하면 경쟁자가 어떤 역량이나 무기를 보유했는지 알 수가 없기 때문입니다. 그래서 직무 분석을 철저하게 해야 하며 직무에서 요구하는 자격요건 및 필수 지원 사항을 자세히 살필 당위성이 제기되는 사항입니다. 왜냐하면 직무에

서 요구하는 자격요건을 갖추기 위해서 많은 취업준비생이 노력을 할 것이고 그 과정에서 차별화된 자기만의 강점이나 역량이 형성될 것이기 때문입니다.

그래서 자기만의 강점·역량·차별성·개인기·매력·장점을 보유하는 것이 상당히 중요합니다. 즉시 활용 가능한 취업역량이 될 수 있기 때문입니다.

> **본인만의 강점을 통해서 문제를 해결했던 경험을 기술하시오.**
>
> 　데이터 및 통계를 기반으로 한 결과해석 및 인사이트 도출에 차별화된 역량과 경험을 보유하고 있습니다. 생산관리와 관련된 수업을 통해 Tech Time의 최소화라는 주제로 팀 과제를 수행했던 적이 있습니다. 팀원들은 Tech Time을 측정하는 기준과 시간 산출 공식에 대한 단순 변경을 주장하였습니다. 하지만 그렇게 될 경우 표준화된 체제 도입은 어렵고 단편적인 개선에만 국한될 가능성이 높았기에 저는 최근 수집한 데이터를 분석하여 해결책을 도모하자고 하였습니다.
> 　하지만 최근 수집한 데이터는 30일가량의 데이터에 불과하였고 그 양 또한 매우 적었습니다. 그래서 몇 가지 상황을 고려하여 부트스트래핑 기법을 활용하여 데이터 양을 늘렸고 신뢰구간을 좁혀가면서 이상치(Outlier)를 제거하였습니다. 그 결과 기존에 Tech Time을 늘렸던 공정을 발견하게 되었고 개선하였습니다.
> 　30일간 수집한 데이터를 다시 재가공하고 99% 신뢰구간을 설정하여 Tech Time을 최적화하는 회귀방정식 등을 수립하였습니다. 그 결과 기존 복잡했던 8가지의 프로세스가 4개로 줄어들었고 Tech Time 또한 기존 대비 28%가량 감소하는 효과를 얻었습니다. 이와 같은 저의 '능동적 문제해결'은 저를 더욱 빛나고 가치 있게 해주는 절대 요소라고 생각합니다.

정 대표

통계적 기법과 역량을 활용하여 남들과 다른 차별적 문제해결 방법을 보여준 사례라고 판단됩니다. 위 자기소개서의 작성자는 본인의 차별화된 역량(통계 및 데이터 분석)을 통해 색다른 접근을 했고 문제를 해결하였습니다. 이를 통해 본인만의 차별성을 부각함과 동시에 남다른 가치를 평가받고자 합니다.

이 대표

결국 성공한 사례였군요. 하지만 저는 이 부분이 다소 아쉽습니다. 읽다 보니 도출한 문제점이나 통계적 기법을 적용했던 과정에 대한 설명이 다소 빈약하다고 느꼈거든요. 그래서 이 부분을 보다 살찌우면 어떨까 하는 생각을 해봅니다.

이 교수

저도 마찬가지입니다. '하지만 최근 수집한 데이터는 30일가량의 데이터에 불과하였고 그 양 또한 매우 적었습니다. 그래서 몇 가지 상황을 고려하여 부트스트래핑 기법을 활용하여 데이터 양을 늘렸고 신뢰구간을 좁혀가면서 이상치(Outlier)를 제거하였습니다. 그 결과 기존에 Tech Time을 늘렸던 공정을 발견하게 되었고 개선하였습니다.'가 핵심 부분인데 이 부분에 대한 설명이 상당히 허전하다는 느낌을 받습니다. 이 부분만 보완하면 나름 경쟁력이 있을 것 같다는 생각을 합니다.

3-17) 주어진 업무를 책임감 있게 수행한 경험

정 대표

주어진 업무를 책임감 있게 수행하고자 하는 태도나 의지는 학생 신분으로서 회사 구성원으로서 매우 기본적인 사항입니다. 하지만 많은 취업준비생이 해당 문항을 작성할 때 단순히 열정, 도전 정신, 책임감만을 언급하면서 피상적인 내용만을 언급하곤 합니다. 하지만 이와 같은 질문에는 보다 직접적인 언급 말고 사례나 경험 중심의 기술 방법이 더욱 효과적이라고 할 수 있습니다.

본인이 수행했던 경험 중 끈기와 책임감을 발휘했던 사례를 기술하시오.

스마트 팩토리는 최근 존재하거나 개발된 최신 기술의 집합체라고 할 수 있는 매우 소중한 유형자산이라고 할 수 있습니다. 로봇, 자동화, IoT, 빅 데이터 등의 활용이 최적화된 상태에서 이루어지고 각 제조 및 생산, 관리 단계별 프로세스 혁신은 지속적인 성장과 성과 창출을 가능하게 해주는 원동력이라고 할 수 있습니다.

저는 전자공학도로서 논리 및 디지털회로의 하드웨어 지식, 전기 및 전자시스템의 시스템 모델링 등에 강점이 있습니다. 그러나 이러한 강점을 발휘하기에는 아직 전문화된 역량이 많이 부족한 것이 사실입니다.

PCB를 제작하고 활용하여 논리적으로 설계된 알고리즘에 따라 데이터를 측정 및 관찰하고 이를 토대로 결과값을 산출하여 정품인지 불량품인지를 확인하는 프로젝트를 실시하였습니다. 하지만 저는 알고리즘에 대해서 아는 바가 매우 적었기 때문에 다른 팀원들의 수준에 맞출 수도 없을뿐더러 역할이 지극히 줄어드는 상황에 처했습니다. 하지만 저는 이에 굴하지 않고 프로그래밍, 각종 센서 활용 제어, 유무선 통신기기 관리 등과 관련한 학습을 매일 4시간가량 실시하였고 그 결과 프로젝트를 성공리에 마침과 동시에 팀 리더로서 역할도 충분히 잘 수행할 수 있었습니다.

 위 자기소개서의 사례는 본인의 역량이 부족한 부분을 정확히 알고 있기 때문에 남들보다 많은 학습을 통해서 보완을 하며 성장을 이뤄낸 이야기를 하고 있습니다.

 그런데 자기소개서의 내용이나 접근 방식, 구성이 매우 평이하다고 할 수 있습니다. 누구나 다 할 수 있는 이야기에 누구나 접할 수 있는 이야기의 소재이다 보니 매우 평이하다고 할 수 있습니다.

 네, 저도 그 부분에 대해서는 절대적으로 동의합니다. 그렇기에 보다 차별성을 갖추고자 한다면 '단순히 학습을 했다.' 정도의 내용에서 벗어나 어떤 기술과 지식을 어떤 식으로 학습했고 어느 정도 수준으로 활용할 수 있는가에 대한 명확한 기술이 더 필요할 것으로 판단됩니다.

3-18) 회사에 대한 본인의 생각이나 느낀 점

이 교수
회사에 대한 사항을 기술할 때 반드시 기억해야 하는 점이 있습니다. 바로 '객관성'입니다. 많은 취업준비생이 회사와 관련한 사항을 기술 할 때 그 회사의 이미지, 브랜드, 느낀 점 등을 위주로 기술하곤 하는데 이런 보통 평범한 접근에서 벗어나 보다 객관적이고 신뢰 있는 기술을 시도해야 합니다.

이 대표
그렇게 하기 위해서는 회사에 관하여 철저한 사전 조사가 병행되어야 합니다. 조사한 내용을 바탕으로 객관적으로 기술하고 이러한 사항이 나에게 어떤 동기, 의지, 느낌, 감흥으로 다가왔는지에 대해서 성실히 기술해야 합니다.

정 대표
같은 맥락으로 회사에 대해서 좋은 느낌만 쓰다가 자칫 매우 주관적인 사항이 되고 잘 보이기 위한 글에 머무는 수가 있으니 상당히 조심해야 할 필요성이 있습니다.

　○○○○○○는 소화제 분야에 강점을 가진 전문의약품 기업으로써 2025년까지 매출 3조 원과 영업이익률 20%, 해외수출 비중 45% 달성을 목표로 하고 있습니다. 이를 위하여 ESG 경영 등 기업의 사회적 책임을 기초로 글로벌 기업으로써의 도약을 준비하고 있고, 비즈니스 관점으로는 리팩토링 수준의 혁신 활동을 통해 기존사업과 신사업 간 시너지 효과창출에 심혈을 기울이고 있습니다. 아울러 ○○○○○○는 유망 스타트업의 적극적이고 공격적인 인수합병을 통한 외연 확장은 물론 비즈니스 파이프라인 상에서의 최적화 경영 등을 통하여 내부 결속을 다지는 등 업계에서 다방면으로 베스트 플레이어로서의 역량을 다하고 있습니다.

〈이하 생략〉

참고문헌

NCS(http://ncs.go.kr)

저자소개

이회선 現) 한국폴리텍대학 교수
　　　　　　기술경영학 박사
　　　　前) SK플래닛 Tech HR팀 외
　　　　　　LG이노텍 정보전략실 외
　　　　　　NCS 교육훈련지도사 및 출제위원
　　　　　　한국진로·창업경영학회 이사
　　　　　　각종 공공기관 평가 및 심사 전문위원
　　　　　　취업 및 창업, 비즈니스, NCS 관련 15년 경력 등 300회차 이상 강의

이주영 現) IN코칭연구소 대표
　　　　　　심리학 박사
　　　　　　직무역량 개발을 위한 온라인 플랫폼 운영
　　　　　　(https://yozoomin.com)
　　　　　　취업 및 창업, 자기관리, 커뮤니케이션, 직무역량 관련 25년 경력 등
　　　　　　600회차 이상 강의 기획 및 운영, 강의 등

정재봉 現) JNB솔루션 대표
　　　　前) 주식회사 두드림잡 총괄팀장
　　　　　　주식회사 리크루트 대학사업팀장
　　　　　　취업전문 온라인 사이트 운영(www.jnbsolution.com)
　　　　　　교과목 및 학과 취업 교육 16년 경력 등 400여 개 대학 교육 기획 및 운영, 강의 등

취업 1타들의 수다
자기소개서 편

초판 1쇄 인쇄 / 2024년 6월 10일
초판 1쇄 발행 / 2024년 6월 15일

●

공저자 / 이회선 · 이주영 · 정재봉
발행인 / 이 중 수
발행처 / 동 문 사

●

서울특별시 서대문구 홍제원 1길 12
(홍제동 137-8)
Tel: 02)736-3718(대), 736-3710, 3720
Fax: 02)736-3719
등록번호: 1974.04.27 제9-17호
가격: 16,000원

●

ISBN: 979-11-6328-591-5 (13320)
E-mail: dong736@naver.com
www.dongmunsa.com

저자와의 합의하에 인지는 생략합니다.